ESG 경영의 이론과 실제

이영섭 지음

인피니티컨설팅

머 리 말

2022년 1월 14일 금융위원회는 2025년부터 일정 규모 이상 코스피 상장사에 대해 ESG 지속가능경영 보고서 공시를 의무화한다고 밝혔다. 이로 인해서 비재무적 성과 지표인 ESG가 기업가치를 평가하는 주요 지표로 자리매김하게 되었다. ESG 지속가능경영 보고서 공시를 의무화에 따라 기업들은 ESG 경영을 도입하여 지속가능경영 보고서를 공시해야 한다.

현재 국내에서는 매년 100여개 회사가 지속가능경영보고서를 발간하고 있지만, 이 중에서 증권거래소에 공시하는 회사는 20개 기업에 불과하다. 그러나 2022년부터 2025년까지는 지속가능경영 보고서의 자율 공시를 활성화하고, 2025년부터는 자산 2조원 이상인 코스피 상장사들은 지속가능경영보고서를 반드시 공시해야 한다. 그리고 2030년에는 전체 코스피 상장사가 지속가능경영보고서를 내야 한다.

ESG는 환경(Environmental), 사회(Social), 지배구조(Governance)의 약칭으로 기업 경영 활동을 친환경경영, 사회적 책임, 건전하고 투명한 지배구조에 초점을 둔 지속가능성(Sustainability)을 달성하기 위한 기업 경영의 3가지 핵심 요소를 의미한다. ESG의 강조 이전에도 기업의 사회적 책임(CSR; Corporate Social Responsibility)은 있었지만, 그 범위를 넓혀 환경과 지배구조도 기업가치에 영향을 주는 요소가 되었다.

최근 ESG는 전 세계적인 트렌드로 확산되고 있으며, 이에 따른 소비자, 투자자, 정부 등 모든 사회 구성원의 관심이 고조되면서 선택이 아닌 기업의 생존과 성장의 핵심적인 요소로 부상하고 있다. 또한 제도적 규제강화와 투자(공적투자, 민간투자)기관의 ESG 정보공개에 대한 수요가 급증하면서 기업들은 ESG를 고려한 ESG 경영을 시작하고 있다.

ESG 공시 의무화가 시행되면, 투자자와 기업 모두 영향을 받아 지속가능경영 보고서를 공시하고 내용도 충실해지기 때문에 투자 결정을 위한 기초자료로서 활용도가 높아지게 된다. 따라서 모든 기업에서는 ESG 경영을 도입하여야 한다.

지속가능경영 보고서 공시 의무화로 인해 ESG 경영은 이전보다 전폭적으로 체계화되고 확산되면서 최종적으로 지속가능한 발전과 경영에 이바지하는 중요한 요소로 자리매김할 것이다.

이 책은 공시 의무화에 따라 기업에서 ESG 경영을 도입하기 위해 필요한 모든 내용들을 담고 있다. 부디 이 책으로 인하여 ESG 경영으로 전환하는 데 도움이 되길 바란다.

지은이 이 영섭

목 차

머리말 ·· iii

목 차 ·· v

➡ **제1장 ESG란 무엇인가?** ·· 1

  1. ESG란 무엇인가? ·· 3

  2. ESG의 기원 ··· 5

  3. UN의 투자원칙(PRI) ·· 7

  4. ESG의 동향 ··· 11

  5. ESG 공시 의무화 ·· 14

  6. 왜 ESG를 해야 하는가? ·· 16

  7. ESG에 대한 오해와 진실 ·· 19

  8. 국내 ESG 대응 현황 ·· 21

  9. ESG의 전망 ··· 23

  10. ESG도입에 따른 의식의 변화 ··· 25

➡ **제2장 기업의 사회적 책임(CSR)과 기업의 공유 가치 창출(CSV)** ······ 29

  1. 기업의 사회적 책임(CSR)의 정의 ·· 31

  2. 기업의 사회적 책임(CSR)의 요소 ·· 32

  3. 기업의 사회적 책임(CSR) 현황 ·· 34

  4. 기업의 공유 가치 창출(CSV) 활동 ··· 36

  5. 기업의 공유 가치 창출(CSV) 활동의 가치와 효과 ······················· 43

  6. 기업의 공유 가치 창출(CSV) 활동의 실천 전략 ························· 47

  7. 기업의 사회적 책임(CSR)과 ESG의 비교 ································· 49

➡ **제3장 ESG 평가** ·· 51

  1. ESG 평가의 필요성 ·· 53

  2. ESG의 평가 요소 ··· 55

3. ESG 평가의 문제점 ·· 58

4. ESG의 한국형 평가 모델의 필요성 ················· 60

5. ESG 평가 현황 ··· 63

6. 중국의 ESG 동향 ··· 68

제4장 ESG의 영향 ·· 71

1. MZ세대가 선호하는 ESG 소비 ······················ 73

2. ESG 미닝아웃 ··· 77

3. 친환경을 고려하는 그린워싱 ··························· 81

4. 기업의 매출을 높이는 ESG ···························· 87

5. 코로나 이후의 ESG ·· 89

제5장 심각한 지구온난화 ·································· 93

1. 지구온난화의 정의 ··· 95

2. 지구온난화의 원인 ··· 97

3. 지구온난화의 영향 ··· 98

4. 지구온난화의 해결 방안 ·································· 99

5. 기상 이변의 정의와 원인 ································ 101

6. 기상 이변으로 인한 빙하 유실 ······················ 102

7. 기상 이변으로 인한 폭염 ······························ 107

8. 기상 이변으로 인한 태풍 ······························ 109

9. 기상 이변으로 인한 폭우 ······························ 111

10. 기상 이변으로 인한 전염병 ·························· 113

11. 화석 연료의 미래 ··· 115

제6장 기후 위기를 대처하는 세계의 움직임 ········· 119

1. 미국 온실가스 감축 방안 ································ 121

2. 중국의 탄소중립 ··· 123

3. 한국의 기후 위기 극복 ··································· 126

4. 환경산업의 경제적 규모 ································· 129

    5. 탄소중립 ·· 132

    6. 탄소세 부과 ·· 136

➡ **제7장 세계의 그린뉴딜 정책** ······································ 139

    1. 그린뉴딜 정책의 정의 ·· 141

    2. 그린뉴딜의 역사 ·· 144

    3. 미국의 그린뉴딜 ·· 145

    4. 유럽의 그린 딜 ·· 148

    5. 한국판 뉴딜 ·· 152

➡ **제8장 지속가능발전** ·· 155

    1. 지속가능발전이란 무엇인가? ······························ 157

    2. 지속가능발전의 기원 ·· 160

    3. 한국의 지속가능한 발전의 역사 ························ 165

    4. 지속가능발전의 특징 ·· 168

    5. 지속가능발전의 내용 ·· 170

    6. 지속가능한 발전의 실현 방법 ···························· 173

    7. ESG와 지속가능발전 ·· 175

➡ **제9장 미래 생존을 위한 에너지** ······························ 179

    1. 에너지의 정의 ·· 181

    2. 연료전지에너지 ·· 183

    3. 수소에너지 ·· 185

    4. 석탄 액화·가스화에너지 ···································· 187

    5. 태양광에너지 ·· 188

    6. 태양열에너지 ·· 189

    7. 풍력에너지 ·· 190

    8. 바이오에너지 ·· 192

    9. 폐기물에너지 ·· 194

   10. 지열에너지 ·· 196

11. 수력에너지 ·· 197
12. 해양에너지 ·· 198

제10장 K-ESG 가이드 라인 ······················· 201

1. K-ESG 추진 배경 ······································ 203
2. K-ESG 구성 방향 ······································ 204
3. K-ESG 기본 진단항목 체계 ························ 206
4. K-ESG 기본 진단항목 ······························ 207
5. 중견·중소 기업을 위한 K-ESG 가이드 라인 ········ 210
6. K-ESG 진단항목 작성 요령 ······················ 213
7. 정보공시 항목 작성 요령 ·························· 214
8. 환경 항목 작성 요령 ······························ 217
9. 사회 항목 작성 요령 ······························ 224
10. 지배구조 항목 작성 요령 ························ 231

참고 문헌 ··· 236

제1장
ESG란 무엇인가?

01. ESG란 무엇인가?

　ESG는 환경(Environmental), 사회(Social), 지배구조(Governance)의 약칭으로 기업 경영 활동을 친환경경영, 사회적 책임, 건전하고 투명한 지배구조에 초점을 둔 지속가능성(Sustainability)을 달성하기 위한 기업 경영의 3가지 핵심 요소를 의미한다. ESG의 강조 이전에도 기업의 사회적 책임(CSR; Corporate Social Responsibility)은 있었지만, 그 범위를 넓혀 환경과 지배구조도 기업가치에 영향을 주는 요소가 되었다.

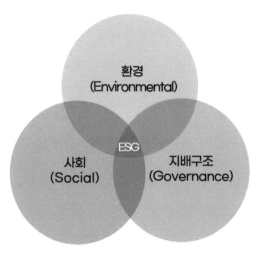

[그림] ESG

ESG를 구성하는 환경(Environmental), 사회(Social), 지배구조(Governance)의 특징을 보면 다음과 같다.

환경(Environment)은 기업의 경영활동 과정에서 발생하는 환경 영향 전반을 포괄하는 요소로 최근 기후 변화와 관련된 탄소중립, 재생에너지 사용 등이 기업을 평가하는 중요한 요소로 등장하고 있어 친환경을 고려한 경영을 해야 한다.

사회(Social)는 임직원, 고객, 협력회사, 지역사회 등 다양한 기업의 이해관계자에 대한 기업의 권리와 의무, 책임, 인권, 안전·보건 등을 고려한 경영을 해야 한다.

지배구조Governance)는 회사의 경영진과 이사회, 주주 및 회사의 다양한 이해관계자의 권리와 책임에 대한 영역으로 이사회의 다양성, 임원 급여, 윤리경영 및 감사기구 등을 통하여 투명한 경영이 강조되고 있다.

최근 ESG는 전 세계적인 트랜드로 확산되고 있으며, 이에 따른 소비자, 투자자, 정부 등 모든 사회 구성원의 관심이 고조되면서 선택이 아닌 기업의 생존과 성장의 핵심적인 요소로 부상하고 있다. 또한 제도적 규제강화와 투자(공적투자, 민간투자)기관의 ESG 정보공개에 대한 수요가 급증하면서 기업들은 ESG를 고려한 ESG 경영을 시작하고 있다.

금융위원회는 2021년 1월 14일 기업공시 제도 개선 간담회를 열고 2030년부터 모든 코스피 상장사들의 ESG 관련 공시 의무화를 포함한 '기업공시 제도 종합 개선방안'을 발표했다.

ESG 공시 의무화가 시행되면, 투자자와 기업 모두 영향을 받아 지속가능경영 보고서를 공시하고, 내용도 충실해지기 때문에 투자 결정을 위한 기초자료로서 활용도가 높아지게 된다. 따라서 모든 기업에서는 ESG 경영을 도입하여야 한다.

02. ESG의 기원

ESG의 역사는 사회적 책임(SR; Social Responsibility)부터 시작된다. 1953년 미국의 경제학자 하워드 보웬의 『경영인의 사회적 책임』이라는 저서를 기점으로 첫 번째 변화를 맞이하게 된다. 그가 자신의 저서에서 기업의 사회적 책임(CSR)이 기업인의 의무라는 개념을 제시하였기 때문이다.

ESG의 개념에 대한 논의는 1987년 UNEP(유엔환경계획)와 WCED(세계환경개발위원회)가 공동으로 채택한 '우리 공동의 미래(Our Common Future; 일명 브룬트란트 보고서)'에서 제시되었다.

보고서에서는 인류가 빈곤과 인구증가, 지구온난화와 기후 변화, 환경 파괴 등의 위기에서 경제를 발전시키기 위해서는 지속가능발전으로 패러다임 전환이 필요하다는 의견을 제시하면서 ESG의 개념을 포함하는 지속가능성에 대한 논의가 시작되었다.

지속가능성 논의 이후, 세계는 ESG에 대한 국가 차원의 관심이 고조되고, 연기금 등의 책임 투자 논의 활성화, 정부 단위의 ESG 제도화, 민간 분야의 적극적인 ESG 활성화 논의로 확대되었다.

2006년 UN은 기업의 환경·사회·지배구조 이슈가 투자 포트폴리오 성과에 영향을 미치기 때문에 이를 고려하기 위하여 기후 변화 관련 재무정보(기후 변화 관련 거버넌스, 전략, 리스크 관리, 지표 및 목표) 공개와 태스크 포스(TCFD)의 재무 정보공개와 권고하는 책임투자 원칙(PRI; Princi ple Responsible Investment)을 발표하였다.

    2015년 G20 재무장관 및 중앙은행장의 협의체 금융안정위원회 주도로 설립된 기후 관련 재무 정보공개 태스크 포스(TCFD)는 2017년부터 표준화된 ESG 정보공개 권고안을 발표했다. EU또한 2019년부터 ESG 관련 정보 공개 의무화에 대한 지속가능 금융 공시제도(SFDR)를 발표하였고, 2021년 3월에는 은행, 자산운용사, 연기금 등 EU 역내 활동하는 금융기관에 적용하였다.

03. UN의 투자원칙(PRI)

2006년 출범한 책임투자원칙(PRI; Principles for Responsible Investment)은 환경, 사회, 지배구조(ESG)와 같은 비재무적 요소들이 투자 의사 결정의 중요한 요소로 부각 됨에 따라 이러한 이슈에 따른 리스크를 줄이고 장기수익을 달성할 수 있도록 개발된 세계적으로 인정받는 책임투자 네트워크이다. 이 원칙은 2004년 40여명의 기관투자자들과 펀드매니저들에 의해 2004년 UN환경 계획 금융부분(UNEP FI; UN Environment Program Finance Initiative)에서 처음 논의되었고, 약 2년 동안의 준비를 거쳐 2006년 출범하였다.

[그림] UNPRI 서명 및 출범식 (출처: UNPRI 홈페이지)

출범 당시 60여 개의 기관과 약 5조 달러였던 PRI 가입 추이는 2020년 전 세계 3,700여 개의 기관투자가들과 103.4조 달러의 자산으로 그간 20배 이상 증가하였다.

사회책임투자는 6대 원칙은 다음과 같다.

① 투자분석과 의사결정 과정에 ESG 이슈를 적극 반영한다.
② 투자 철학 및 운용 원칙에 ESG 이슈를 통합하는 적극적인 투자자가 된다.
③ 투자 대상에게 ESG 이슈에 대한 정보공개를 요구한다.
④ 금융 산업의 PRI 준수와 이행을 위해 노력한다.
⑤ PRI의 이행에 있어서 그 효과를 증진 시킬 수 있도록 상호 협력한다.
⑥ PRI의 이행에 대한 세부 활동과 진행 사항을 공개한다.

사회책임투자원칙은 6가지 원칙과 35개의 실천 프로그램으로 구성되어 있는데, 서명 기관의 자발적인 준수를 통해 더욱 근본적인 도입과 적용 및 발전을 꾀하고 있다.

사회책임투자원칙에 서명하게 되면 다음과 같은 혜택을 받을 수 있다.

① ESG 이슈 반영을 위한 공통 프레임워크 제공
② 세계 최대 기관투자가 포함, 타 서명 기관의 우수사례 제시
③ 타 서명 기관과의 협업 및 네트워킹을 통해 리서치 및 원칙 도입 비용 절감
④ 책임투자에 대한 적극적인 의지와 약속을 표명함으로써 얻는 명성적 이익
⑤ 서명 기관 연례행사 참가
⑥ 책임투자 관련 활동에 대한 보고 및 평가의 표준 제시

사회책임투자원칙 서명 기관을 위한 PRI 사무국은 다양한 활동을 제공하고 있다. 온라인 데이터베이스 블로그(PRI in Implementation Blog)를 운영하여 전문가 인터뷰, 도서 리뷰, 이슈 요약 등의 자료를 제공한다.

서명 기관 간의 주주행동 또는 협약된 정보를 공유하고 협법 제안을 할 수 있도록 인트라넷(PRI Engagement Clearinghouse)을 운영한다. 해마다 애뉴얼 이벤트(PRI in Person Annual Event)를 개최하여 서명 기관들이 모여 PRI 도입 전략을 논의하고 네트워크를 맺을 수 있도록 장을 마련한다. 또한 서명 기관들이 자체 평가할 수 있는 설문 양식(Reporting and Assessment Tool)을 개발하여 PRI도입 및 현황, 우수사례 공유, 문제점 및 발전 방향 도출, 보고서 발간, 타 기관들과의 비교분석 등을 제공한다.

UN의 사회책임투자원칙은 '재무적 위험과 실제 결과 간 가교를 구축하는 것'을 2021-24 전략 주제로 선포하였다. 이 전략은 코로나19의 대유행, 환경 문제 및 심화되고 있는 사회적 불평등 등의 위기로 특정 지어지는 순간부터 시작되며, 환경, 사회, 지배구조 이슈를 적극적으로 고려한 서명 기관들의 투자 활동을 통해 재무 위험과 기회 및 실제 결과 사이의 다리를 구축하도록 한다.

가입기관이 많아지면서 책임투자에 대한 기준도 새롭게 갱신되고 있다. 최근 갱신된 새로운 기준에 따르면 서명 기관들은 모든 관리자산의 최소 절반 이상에 대해 책임투자 정책을 시행해야 한다. 또한 이를 이행할 임원 수준의 감독 책임자와 담당 직원을 두어야 한다. 또한 향후에는 전체 자산의 90%를 책임투자 원칙을 따르도록 요구하고 공개하거나, 자산 운용과정에서 관여(Engagement)와 투표(Voting) 실시를 의무화할 것으로 보인다.

비재무적인 부분을 고려하여 보다 건설적인 방향으로 투자하라는 책임투자 원칙에 서명한 기관들의 자산을 모두 합하면 전 세계 운용자산의 2/3 수준을 웃돌 만큼 많다. 그만큼 UN의 사회 투자 책임 원칙은 세계적인 투자흐름을 주도하고 있다고 볼 수 있다.

국내 기관으로는 서스틴베스트, 국민연금공단, 후즈굿, 안다자산운용, ESG모네타, 하이자산운용, 대신경제연구소, 프락시스 캐피털파트너스, 브이아이자산운용, 스틱인베스트먼트 등 10여 곳이 서명하였다.

최근에는 책임투자 기준을 충족하지 못하고, 2년간의 재평가 기회에도 부족함을 보인 5곳의 기관을 서명 기관에서 탈락시켰다. 탈락 기관 중 규모가 가장 큰 곳은 프랑스의 우체국 금융 자회사인 라방크 포스탈레의 민간 은행 부문 BPE로 5억 달러의 자산을 보유한 곳이다. 이처럼 자산규모에 상관없이 모든 서명 기관에 까다로운 잣대를 대며 정확한 원칙준수를 지속적으로 요구할 것으로 보인다.

04. ESG의 동향

2000년대 전후로 세계 주요국에서는 기업의 ESG 요소가 투자수익과 기업가치 및 경제적 성과에 직접적인 영향을 줄 수 있다는 주장이 확대되면서 ESG 공시 등 규제강화 논의가 확대되고 있다.

EU는 2003년 회계현대화지침(EU Account Modernization Directive 2003/51/EC)에서 연차보고서에 비재무적 요소(ESG)의 공시를 권고하며, 이후 정보공개 지침에 따라 2018년 의무화하였다. 이에 따라 EU 내 영국, 독일, 프랑스 등은 기업 연차보고서 내 ESG 정보공개를 의무화하는 법령을 발표하였고, 최근에는 ESG 요소 중 공급망 실사에 대한 의무화 규제가 발표되고 있다.

미국은 1978년에는 「정부윤리법」을 제정하였으며, 1999년에는 부패방지 라운드 등 윤리 관련 법률 활성화 기업윤리 및 지배구조 중심의 제정 및 정보공시를 강화해왔으며, 최근에는 환경 및 공급망 관리 등의 법령을 추진하고 있다.

일본은 ESG 공시를 의무화하기 위해 국제적인 기준을 마련할 예정으로 기업들에게 ESG 정보공개를 의무화할 방침이며, 환경에 대한 기업 보고 관련 규제를 추진하였다.

중국은 국영 및 외자기업들의 CSR 수준 평가를 목적으로 정보공개를 추진 중이다.

글로벌 연기금, 자산운용사 중심의 책임투자가 증가하면서, 책임투자 촉진을 위한 스튜어드십 코드(기관 투자자들이 고객 및 수익자의 자산을 위탁받은 선량한 관리자로서, 수탁자가 어떻게 중장기적으로 고객 및 수익자의 이익을 최우선으로 책임 이행할 것인가에 대한 행동 지침) 도입이 가속화하여 19개 국가가 도입하였으며, 국내에서도 총 162개 기관(국민연금 등)이 스튜어드십 코드에 참여하고 있다.

글로벌 연기금들은 각각의 투자전략을 바탕으로 책임투자를 실행함에 따라 기업들에게 평가에 필요한 ESG 정보공개를 요구하고 있다. 투자 유형별로는 ESG가 부실하다고 평가되는 기업 자산을 외환 운용 포트폴리오에서 배제하고 있으며, ESG 통합 투자전략이 가장 활발하게 적용되고 있으며, 최근 5년간 급격하게 활용되는 전략이다.

[표] 글로벌 주요 시장의 책임투자 유형의 추세

책임투자유형	2016	2018	2020	증가율('16~'20)	연평균증가
임팩트/지역사회투자	248	444	352	42%	9%
포지티브/동종업계우수기업선정스크리닝	818	1,842	1,384	69%	14%
지속가능성테마투자	276	1,018	1,948	605%	63%
규범기반스크리닝	6,195	4,679	4,140	−33%	−10%
기업관여활동및주주행동	8,385	9,835	10,504	25%	6%
네거티브/투자배제스크리닝	15,064	19,771	15,030	0%	0%
ESG통합투자	10,353	17,544	25,195	143%	25%

출처: Global Sustainable Investment Review, 2020

과거의 기업과 사회는 협소한 분야에서 연결되어 있었다면, 지금의 기업들은 세계 어느 나라나 긴밀하고 촘촘하게 연결되어 있다. 그렇기 때문에 세계 어디서도 투자받을 수 있고, 해외의 빠르게 변화하는 ESG 경영에 발맞춰 국내에서도 속도감 있게 ESG 경영을 준비해야 한다. 이제는 기업의 역할에 대한 사람들의 가치관이 변화하였으며 개인의 삶을 넘어 세계의 환경 문제에서도 그 책임을 묻고 있다.

특히 코로나19로 수 많은 기업들이 어려움을 겪었으나, 생태환경은 놀랍게도 회복되었다. 이를 기점으로 2021년 대기업 신년사에는 ESG가 단골로 등장하기도 하였다. 한화그룹, 포스코그룹, 현대그룹, 농협 등에서 ESG 경영을 직접적으로 언급하면서 국내 ESG 경영이 가장 중요한 과제 중 하나로 부상하였고, 더 이상 선택이 아닌 필수의 영역으로 접어들고 있다.

코로나19는 ESG 경영 트렌드를 가속화시키는 가장 큰 역할을 했다고 볼 수 있다. 2021년 신년사에서 굴지의 기업들이 모두 ESG 경영을 언급하였으며, 세계적인 투자 회사들도 ESG 투자에 대한 내규를 철저히 다져가고 있다. 서울의 버스나 지하철 광고판에는 ESG 경영을 홍보하는 다양한 매체들이 소개되고 있다.

05. ESG 공시 의무화

2022년 1월 14일 금융위원회는 2025년부터 일정 규모 이상 코스피 상장사에 대해 ESG 지속가능경영 보고서 공시를 의무화한다고 밝혔다. 이로 인해서 비재무적 성과 지표인 ESG(환경·책임·투명경영)가 기업가치를 평가하는 주요 지표로 자리매김하게 된다. ESG 지속가능경영 보고서 공시를 의무화에 따라 기업들은 ESG 경영을 도입하여 지속가능경영 보고서를 공시해야한다.

현재 국내에서는 매년 100여 개사가 지속가능경영 보고서를 발간하고 있지만, 이 중에서 증권거래소에 공시하는 회사는 20개 기업에 불과하다. 그러나 2022년부터 2025년까지는 지속가능경영 보고서의 자율 공시를 활성화하고, 2025년부터는 자산 2조 원 이상인 코스피 상장사들은 지속가능경영 보고서를 반드시 공시해야 한다. 그리고 2030년에는 전체 코스피 상장사가 지속가능경영 보고서를 내야 한다.

자산 2조 원 이상되는 코스피 상장사 211곳에 적용되고 있는 친환경·사회적 책임 활동을 포함한 기업지배구조보고서 공시 의무 역시 2022년(1조 원 이상)과 2024년(5,000억 원 이상)을 거쳐 2026년 모든 코스피 상장사에 적용된다.

한국기업지배구조원에 따르면 ESG 공시를 의무화한 국가는 세계 20개국 정도다. 노르웨이 등과 같이 지속가능 보고서를 별도로 발간하는 국가도 있고, 사업보고서나 별도 서식 내부에 ESG 공시를 의무화하는 국가도 있다. 이는 아직 ESG 공시 표준이 정해지지 않았기 때문이다. 미국은 자율적으로

ESG 공시를 선택할 수 있도록 했는데, 2011년에는 지속가능 보고서를 20% 밖에 발간하지 않았으나 2021년에는 이 비율이 90%까지 늘어났다.

네이버증권은 페이지 내에 ESG 카테고리를 만들어 지속가능발전소를 통해 해당 기업의 비재무적 평가 지표를 공개하기 시작하였다. 예를 들어 삼성전자를 검색하면 다음과 같은 내용을 확인할 수 있다.

환경 부분에서는 온실가스 배출량, 에너지 사용량, 미세먼지 배출량, 용수 재활용률, 폐기물 재활용률을, 사회 부분에서는 직원 평균 연봉, 비정규직 고용률, 기부금, 직원 평균 근속 년수를, 지배구조에서는 사회 이사 비율, 최대 주주 지분율, 이사회의 독립성, 사내 등기임원 평균 보수를 알려준다.

현재 수준을 업종 평균과 비교하여 제시하고 각 항목마다 근 4년간의 연간 변화 그래프도 제시하고 있다.

[그림] 모바일 네이버 증권의 ESG 카테고리 예시 (출처: 네이버 증권)

지속가능경영 보고서 공시 의무화로 인해 ESG 경영은 이전보다 전폭적으로 체계화되고 확산되면서 최종적으로 지속가능한 발전과 경영에 이바지하는 중요한 요소로 자리매김할 것이다.

06. 왜 ESG를 해야 하는가?

ESG의 내용은 이미 오래전부터 우리 주변에서 언급되어 왔다. 기후 변화, 탄소중립, 환경경영, 자원관리, 폐기물 관리, 에너지경제, 순환 경제, 고객만족경영, 개인정보보호, 인권경영, 지역사회 인프라 구축, 공급망 관리, 사회적 책임, 사회공헌, 투명경영, 윤리경영, 감사위원회 등이 바로 그러한 내용이다.

그러던 중 코로나19가 전 세계를 강타하면서 사업장이 폐쇄되기 시작한다. 기업들이 문을 닫거나 휴업을 하게 되고, 근로자들이 일자리를 잃으면서 사회 경제적 수요-공급이 일시적으로 멈추게 된다. 도시 및 국가 수준에서 락다운(lock down)이 선포되고 이동이 제한되며 비상 경영체제에 들어갔다. 이러한 사회 구조의 변화는 화석 연료 수요의 감소, 이산화탄소배출의 감소, 대기환경 개선이라는 환경적 이슈를 눈에 띄게 불러왔다.

많은 기업이 코로나19 이전부터 환경 문제의 중요성을 알고 환경경영을 위한 노력을 해왔으나, 코로나19가 불러온 환경의 개선 속도는 비교할 수 없을 만큼 빨랐다.

오폐수가 흘러 물고기가 살기 어려운 강에 수질이 좋아야만 등장하는 1급수 희귀종이 등장하게 되고, 도심지에 야생 염소, 칠면조, 곰이 출몰하여 앞마당의 풀을 뜯어 먹는 모습이 여러 나라에서 포착되었다. 한 예로 인도 동북 오디샤주의 간잠 지역 루시쿨야 해변은 올리브 바다거북이 알을 낳기 위해 찾아오던 곳이었는데 관광객으로 인해 발생한 쓰레기로 해안가가 오염되면서 바다거북들이 알을 낳으러 돌아오지 않게 되었다. 그러나 코로나19 이후 루시쿨야 해변이 통제되면서 환경이 되살아났고, 올리브 바다거북 80만 마리가 돌아와 둥지를 틀었다.

대기환경의 질 개선도 눈에 띄게 개선되었다. 산업 및 사회 활동이 감소하고 이동이 통제되면서 뉴욕, 시애틀, LA등 미국의 대도시들의 이산화질소 배출량은 50% 이상 감소했다. 세계 대기오염물질 배출량 선두를 달리는 중국 전역의 이산화질소 농도도 급격하게 줄어들면서 나비효과처럼 발생하던 대기오염과 미세먼지 문제도 자연스럽게 줄어들었다.

[그림] 중국 전역의 이산화질소 오염도 (출처: NASA)

코로나19는 기업의 공급망을 붕괴시키고 임직원들의 감염으로 인한 생산 중단을 불러일으켰다. 세계 속 기업들은 처음에는 이런 문제들로 비상 경영

체제에 들어갔지만, 점차 코로나19가 장기화되고 백신이 개발되면서 수시로 바뀌는 상황에 맞춰 유연하게 ESG 경영을 이어 나가게 된다.

친환경 운송 시스템, 신재생에너지의 적극적인 활용, 디지털 트랜스포메이션, 스마트 공장의 구축 등 미뤄왔던 환경경영을 발 빠르게 도입하여 코로나19 안에서도 사업의 활성화를 이룩하고자 하였다. 또한 코로나19로 어려움을 겪는 임직원과 고객에 대해 사회공헌활동을 늘리고 개인정보보호, 직원의 건강 및 안전관리, 협력사에 대한 기술 지원 등을 확대하였다. 불투명한 상황에서도 기업을 지켜내기 위한 기업지배구조공시 확대, 내부 회계 관리 강화 등의 지배구조 개선 조치도 적극적으로 이루어졌다.

07. ESG에 대한 오해와 진실

ESG 경영에 대해 가장 큰 오해는 정의이다. 사실 국내 ESG전문가들도 명확한 정의를 내리거나 하나로 의견을 모으는 데 여전히 잡음이 많다. 그러나 전문가들은 ESG와 CSR, 그리고 지속가능성에 대한 구분을 하고 있으며, 이 내용들을 올바르게 이해하고 있다. 반면 이제 막 ESG를 급급하게 학습하여 성급하게 기업에 적용하려는 컨설턴트들은 대부분 ESG를 수박 겉핥기식으로 이해하여 그럴싸하게 적용하려고만 한다.

가장 먼저 ESG를 환경, 사회, 지배구조에 대한 단어적 이해가 필요하다. 국가 ESG 연구원장 문형남 교수는 ESG를 의미상 '환경, 사회적 책임, 투명경영'으로 이해하는 것이 필요하다고 언급하였다. 즉 ESG 평가를 실시할 때 환경(E)은 기업의 친환경, 환경보호, 환경경영 및 환경성과에 대한 평가를, S(사회)는 사회적 관계(근로자, 협력사, 고객사, 지역사회 등)에 대한 책임평가를, G(지배구조)는 주주, 이사회, 감사를 둘러싼 기업의 윤리경영 및 투명 경영에 대하여 평가한다는 뜻이라는 것이다.

또한 ESG 평가라는 단어에 대해 '기업에 대한 규제'라고 생각하는 경우가 있으나 사실은 규제가 아니라 ESG 평가를 통한 지속가능성장을 위한 지표라고 말한다. 이러한 내용은 개념적으로 접근할 때 잘못된 정보들이 많아서 오해가 생길 수 있으나, 우리나라에서 대표적으로 ESG 평가를 진행하고 있는 한국기업지배구조원, 대신경제연구소, 서스틴베스트 등의 기관 지표를 참고하면 조금 더 명확히 이해할 수 있게 된다.

또 다른 오해는 ESG 경영에 우위가 있다는 것이다. 예를 들어 '환경, 사회, 지배구조 중에서도 지배구조가 가장 중요하다.'와 같은 것이다. 그러나 이 세 가지는 우위를 정할 수 없는 평가 요소이다. 실제 환경경영, 사회적 책임경영, 지배구조에 대한 윤리 및 투명경영을 따로 평가하여 점수를 부여하고 있으며, 종합점수는 이들을 합산한 정도의 의미밖에 가지지 않는다.

ESG 등급에 대한 연구 논문에서도 통합등급 외에 각 부분별 등급을 바탕으로 연구를 진행하고 있다. 시대의 흐름이나 경영 이슈에 따라 어떨 때는 환경 부분이, 어떨 때는 사회나 지배구조 부분이 더 중요하다고 느껴질 수 있다. 그러나 ESG의 기반 중 하나로 지속가능성이 있다는 것을 명확히 이해한다면 이 세 가지 영역에 순서를 둘 수 없다는 것도 이해할 것이다.

[그림] 기업에 대한 평가 구조 변화

08. 국내 ESG 대응 현황

ESG는 기업 입장에서 피해갈 수 있는 부분이 아니고 의무적으로 해야 하기 때문에 투자, 기업, ESG 서비스 부분에서 ESG에 적극적으로 대응해 가고 있다.

1) 투자 부문

투자 부문은 국내 ESG 투자는 아직 글로벌 수준에 비해 현재 규모는 작으나, 빠르게 증가하는 추세다.

펀드 부문은 국내 ESG 펀드는 자금 유입 추세가 가속화되면서 규모 급증하고 있다. ESG 액티브펀드는 2017년 대비 2000년 기준으로 약 3배가 증가하였으며, 인덱스펀드는 약 6배가 증가하였다.

채권 부문은 2000년 기준 국내 ESG 채권 상장종목은 약 549개(상장 잔액은 82.6조 원)로 빠르게 성장하고 있다.

연기금 및 금융기관은 ESG 평가시스템 구축하고, 관련 상품 출시 등 ESG를 반영한 투자전략을 추진하고 있다.

2) 기업·단체 부문

기업·단체는 주요 경제단체와 대기업을 중심으로 ESG를 대응하고 있다. 주요 대기업은 ESG 관련 정책 및 목표를 선언하고, 계열사의 ESG 추진을 위한 전담 조직 및 체계를 수립하고 있다. 중견·중소기업은 경영 부담(인력, 비용)으로 인해 전반적인 ESG 대응에 어려움이 있으나, 최근에는 거래 회사나 원청기업에서 ESG 준수를 요구하는 회사들이 증가함에 따라 대응에 필요성이 높아지고 있다.

수출기업은 해외 바이어가 요구하는 특정 ESG 요건에 집중하여 대응 중이며, 글로벌 원청기업의 ESG 준수 요구를 강화하려는 추세에 있다.

경제단체는 ESG 위원회 설립를 하였으며, ESG 관련 교육 및 포럼 개최하면서 기업의 ESG 대응을 지원하고 있다.

3) ESG 서비스

국내 컨설팅 기관 및 신용평가, 언론사 등은 각각 ESG 전담 부서를 신설 또는 확대하여, ESG 서비스 시장에 적극적으로 참여하고 있다. 또한 ESG 컨설팅 및 평가에 참여하면서 ESG 서비스 생태계를 조성하고 있다.

09. ESG의 전망

ESG가 반짝 등장했다가 사라질 것이라는 의견들도 많다. 그러나 CSR로부터 기인한 ESG의 등장 배경과 역사를 이해한다면 정의나 내용적인 부분에서 유행이 될 수 없다는 것을 알 것이다. 또한 지속가능성 → 지속가능발전 → ESG 경영의 흐름을 이해한다면 마찬가지로 잠깐 유행했다가 사라질 수 없는 흐름이라는 것도 알 것이다. 이런 흐름은 우리 주변만 둘러봐도 쉽게 접할 수 있다.

스타벅스는 2019년 종이 빨대를 도입했다. 처음에는 빨대가 젖어 흐물흐물 해지면서 음료가 잘 빨리지 않고, 커피 맛이 떨어진다는 불만이 잦았지만 2년이 지난 현재는 종이 빨대를 필요시에만 주는 것으로 발전하였고, 더 나아가 빨대 없는 리드 컵만 제공하면서 종이 빨대조차도 사용량이 줄어들었다. 대부분의 고객들이 이런 불편함에도 암묵적으로 동의하였기 때문에 스타벅스는 환경경영의 방침을 고도화할 수 있었다. 또한 동네의 개인 카페의 경우에도 옥수수 빨대나, 친환경 일회용 컵을 사용하면서 지속가능한 공동의 목표에 동참하고 있다.

UN의 지속가능발전목표(SDGs; Sustainable Development Goals)는 2015년에 채택되어 2030년까지 시행된다. 인류의 보편적 문제(빈곤, 질병, 교육, 성평등, 난민, 분쟁 등), 지구 환경 문제(기후 변화, 에너지, 환경 오염, 물 등), 경제 사회 문제(주거, 기술, 노사, 고용, 생산 소비, 사회 구조, 법

등)의 해결을 목표로 하면서 기업의 경영체계와 큰 연관성을 갖는다.

전 세계적인 지속가능발전에 대한 관심과 2050 탄소중립 정책 등을 떠올려 본다면 ESG는 결코 유행이 아닌, 인류가 끝까지 지켜내야 하는 장기적인 글로벌 목표라는 것을 인정해야 할 것이다.

금융위원회가 2022년 1월 14일 코스피 상장사의 ESG(환경·책임·투명경영) 공시를 단계적으로 의무화하는 방안을 발표하자 기업들은 ESG 경영에 대해서 깊은 관심을 가지고 도입하고 있다.

ESG 공시와 ESG 평가 결과가 기업가치와 직결되고, 금융뿐 아니라 투자자의 관심과 기관투자가의 의결권 행사에까지 영향을 미치기 때문에 기업들은 ESG 경영을 빠르게 도입해야 한다. 더욱이 선진국의 ESG 공시 의무화, 글로벌 펀드들의 ESG 투자 확대와 맞물려 ESG 시장이 확대되는 것은 오히려 한국 기업들에 기회일 수 있기 때문에 기업들은 ESG 경영으로 속도감 있게 재편해야 한다.

10. ESG도입에 따른 의식의 변화

ESG 이전에는 기업의 주인은 기업에 출자한 주주였으며, 기업의 목적인 이윤을 극대화하는 것이었다. 이를 주주 자본주의(Shareholder Capitalism)라고 하는데, 최근에는 이해관계자 자본주의(Stakeholder Capitalism)로 확장되고 있다. 즉 기업에 출자한 주주만이 기업의 주인일 수 없으며 기업에 종사하는 근로자, 종업원, 소비자, 협력체, 채권자, 지역사회 등 광범위한 이해관계자가 기업의 주인이라는 것이다.

이해관계자 자본주의는 유럽에서 쉽게 찾아볼 수 있다. 1920년 세계 최초로 법제화된 독일의 노사공동결정제도는 독일 노사관계의 핵심이다. 노동자가 경영자에게 기업 경영정보를 요구할 수 있고, 경영자는 주요 의사결정을 내리기 전에 노동자와 사전에 협의를 해야 한다.

심지어는 인사노무 제도의 의사결정에도 노동자들이 참여하기도 한다. 스웨덴의 금속노조는 2006년 화학 노조와 통합하여 약 44만 명의 조합원을 포괄한다. 1888년 건설된 이후 현재까지 조직체계, 임금 교섭, 경영참가, 숙련 형성에 주체적인 역할을 하고 있다. 또한 스웨덴은 대기업의 경우 3명의 노동이사를 두게 되어 있다.

위에 대표적으로 제시한 독일이나 스웨덴의 경우 해당 노동자들이 오래전부터 국가의 산업경제에 막강한 힘을 갖추고 있기 때문에 현재까지 그 힘을 발휘해 올 수 있다. 그러나 창조적 파괴의 힘으로 자본주의의 대표 국가가

된 미국의 경우는 주주 자본주의에 깊은 뿌리를 두고 있다. 놀랍게도 이런 미국에서조차 자본주의의 변화 흐름을 보인다는 것이다. 가장 대표적인 선언은 바로 2019년 비즈니스 라운드 테이블(Business Round Table)에서 찾아볼 수 있다.

비즈니스 라운드 테이블은 애플, 아마존, JP모건, GM, 보잉 등 200개의 대기업 협의체로 기업의 목적에서 '주주가치의 극대화'라는 단일 문구를 삭제하기로 하였으며 새롭게 5가지 목적을 제시하였다. 새로운 기업의 목적은 다음과 같다.

- 고객에게 가치를 전달한다.
- 종업원에게 투자한다.
- 협력업체를 공정하고 윤리적으로 대우한다.
- 지역사회를 지원한다.
- 주주를 위한 장기적 가치를 창출한다.

이 선언으로 미국에서는 드디어 주주 자본주의가 끝났고 이해관계자 자본주의가 시작된다면서 크게 떠들썩거렸다. 물론 앞으로 모든 크고 작은 기업들이 기업의 목표를 주주 자본주의에서 이해관계자 자본주의로 변경할 수는 없다.

자본주의라는 단단한 기반으로 인해 기업의 성패가 달려있기 때문이다. 실제 비즈니스 라운드 테이블 선언이 발표된 지 1년이 지난 시점에 하버드대학교 루시안 뱁척 교수팀의 조사 결과 당시 선언에 서명한 181개 기업 중 단한 곳만 지배구조 지침 변경안에 대하여 이사회의 승인을 받았다고 밝혔다.

비즈니스 라운드 테이블 선언이 아무것도 불러오지 않은 것은 아니다. 전 세계적으로 ESG 자본주의로의 길목을 개척할 수 있도록 통찰력을 제공하였고, 실제 선언을 한 상위 20% 기업들이 하위 20% 기업들보다 실적이 약 4.7% 이상 좋았다.

당장 주주 자본주의에서 이해관계자 자본주의를 통해 최종적으로 ESG 자본주의를 실천하지 못하더라도, 기업들은 각자의 위치에서 환경경영, 사회책임, 지배구조개선의 노력을 기울일 수는 있다.

앞으로 계속해서 ESG 자본주의에 대한 움직임은 물 밀 듯이 발생할 것이다. 기업들은 재무적, 비재무적 가치를 통합하여 기업 성장에 시너지 효과를 발휘하고자 준비에 만발을 가할 필요가 있다.

제2장
기업의 사회적 책임(CSR)과
기업의 공유 가치 창출(CSV)

01. 기업의 사회적 책임(CSR)의 정의

전통적으로 기업의 경영 방식은 주로 돈을 많이 버는 재무적인 성과를 중심으로 진행되었다. 그러나 현대사회에 접어들면서 자본주의가 고도화되고 산업화가 다원화되면서 기업과 사회의 관계가 새롭게 변화하면서 기업에 대한 사회의 요구가 증가하기 시작하였다.

점차 기업의 성장과 이익이 사회의 경제적인 부분뿐만 아니라 공공적 부분까지도 영향을 주게 되면서, 대규모의 기업들에 대한 사회와 지역의 요구와 기대사항의 범위가 넓어지고 있다.

기업과 사회의 관계에 대한 경제적인 요소로는 자본, 원자재, 인력, 일자리, 소득, 수익, 재화 등이 있었지만, 현대사회에 들어서면서 추가적으로 노동력의 질과 구성, 환경, 공해, 질병, 차별, 빈곤 등의 사회적 측면에 대한 책임이 발생하였다. 기업은 몸집이 커짐에 따라 점점 더 사회적 책임도 막중해지게 된 것이다. 그렇게 현대사회에서는 기업과 사회의 관계가 단지 경제적인 측면에 더해 사회적 측면까지 긴밀하게 연결되면서 기업의 사회적 책임(CSR; Corporate Social Responsibility)의 개념이 등장하게 되고, 기업의 사회적 책임을 요구하고 있다.

기업의 사회적 책임(CSR)의 정의는 기업의 경제 가치 성장과 더불어 사회 전반의 이익을 위한 사회적, 환경적 가치를 동시에 추구하여 지속가능한 발전을 유지하는 것을 말한다.

02. 기업의 사회적 책임(CSR)의 요소

경영학의 아버지 피터 드러커도 1954년 『경영의 실제』라는 저서를 통해 기업이 파급하는 사회적 권력에 대해 책임을 져야 한다고 주장하였다. 이런 기본적 이론과 개념을 바탕으로 기업의 점차 사회적 책임을 바탕으로 한 긍정적 영향력을 행사하기 시작하였고 1990년 경영학자 아치 캐롤의 CSR 피라미드로 인해 CSR의 개념이 구체화 되었다.

[그림] 아치 캐롤의 CSR 피라미드 모형

CSR 피라미드는 총 4단계로 이루어졌으며 역사적 시대의 흐름에 따라 어떤 식으로 기업의 사회적 책임이 발전해 왔는지를 가장 잘 보여주는 모형이다. 제일 아래 있는 경제적 책임은 수익 창출에 대한 책임으로 사회 안에서 기업이 가지는 가장 당위적인 책임이다. 기업은 사업 활동을 통해 이윤을 창출해야 하는 책임을 가지고 있으며, 고객의 욕구를 충족시키고 운영을 효율적으로 하면서 다시금 고용을 확대해야 한다. 경제적 책임은 다른 모든 책임의 기반이 된다.

두 번째 있는 법적 책임은 준법 경영에 해당한다. 법을 준수하면서 사업 활동을 전개해야 하는데, 주로 생산, 유통, 판매와 관련된 기본적인 사항이 이에 해당한다. 이를 통해 기업은 안전한 제품을 생산하고, 올바른 유통을 할 의무를 가지는 것이다. 법적 책임도 마찬가지로 기업이라면 당연히 지켜야 하는 당위적 책임 범위에 해당한다.

세 번째 있는 윤리적 책임은 윤리경영에 해당한다. 법적 규제를 넘어서서 사회적 관습이나 윤리적 규범에 부응하는 책임이다. 기업의 목적을 달성하기 위해 법망을 교묘하게 피해가지 않으며, 보다 공정하며 정당한 행위를 보이는 것이다. 따라서 윤리적 책임에 대해서는 당위성을 부여할 수는 없으나 기업의 자발적 책임을 기대하게 된다.

마지막 자선적 책임은 기업이 창출한 이윤의 일부를 사회에 공헌하는 책임이다. 이는 기업에 반드시 요구되는 책임이 아니지만, 좋은 기업 시민의 모습으로 사회에 기여하고, 이를 통해 결국 기업 이미지가 제고되어 기업을 찾는 고객층의 수요가 증가하게 된다. 1990년 아치 캐롤의 CSR 피라미드 모형을 기점으로 기업들은 가장 당위적으로 요구되었던 경제적 책임을 넘어 법적, 윤리적, 자선적 책임을 적극적으로 이행하기 시작하였고, 경제, 사회, 환경적 영역에서 얼마나 공헌하는지 평가받기 시작했다.

03. 기업의 사회적 책임(CSR) 현황

해외에서는 1900년대부터 계속해서 새로운 기업의 사회적 책임(CSR)의 개념이 등장해왔고, 이 개념이 정확한 특정 개념이라기보다는 다양한 관점에서 학자들 간의 견해 차이가 있다 보니, 우리나라에서도 기업의 사회적 책임(CSR)을 정의 내리는데 명확하기가 힘들었다.

우리나라에서는 기업의 사회적 책임(CSR)이 오랜 시간 동안 일부분에 집중되어 실시되었다. 2016년 기업의 사회적 책임(CSR)과 관련된 기사를 조사해본 결과 약 46% 정도가 기업의 사회적 책임(CSR)을 사회공헌활동으로 설명하고 있었다. 그도 그럴 것이 기업의 사회적 책임(CSR)에서 S(사회)라는 단어로 인해 사회적인 문제에만 국한하여 공헌해야 한다는 오해가 생겼으며, R(책임)이라는 단어로 인해 기업의 일방적인 사회공헌 실천 의무라는 오해가 생긴 것이다.

2014년 대한민국 CSR 국제 컨퍼런스에서 발표한 한국기업 기업의 사회적 책임(CSR) 실태 조사 결과를 참고하면, 기업의 사회적 책임(CSR)을 통해 달성하고자 하는 사업 목표가 '지역사회 공헌', '기부 및 자선활동', '동반성장', '직원 복지 및 안정', '기업윤리', '공정 거래' 와 같은 내용이 주를 이루었다. 그렇다 보니 기업의 경제적 성장과 사회적 공헌이 마치 반대되는 개념처럼 느껴지게 되었고, 기업이 성장하면서 사회에 환원해야 하는 의무적 사업과 같이 느껴지게 되었다.

과거로부터 기업의 사회적 책임(CSR)의 핵심으로 꾸준히 언급되어온 '지속가능성(Sustainability)'이 다시금 중요하게 자리매김하면서 최근 들어 ESG 개념이 부상하게 되었다. 기업은 생산 및 영업활동 중 사회적인 가치를 함께 추구하여 발전의 지속성을 유지하면서 이윤을 추구해야 한다.

기업의 사회적 책임(CSR)의 개념이 점차 명확하게 정립됨에 따라 기업의 평가도 세분화 되었다. 기업의 책임과 연결 지어 기업의 역할을 경제, 사회, 환경으로 구분한 개념이 바로 지속가능성이다.

지속가능성은 기업의 경제적 성장이 생태계 보존과 미래 세대를 고려한 상태여야 한다는 개념으로 시작하였다. 이런 평가 요소가 고도화되는 가운데 UN은 기업의 환경, 사회, 지배구조가 투자 대상 기업을 선택하는 데 고려 대상이 된다는 내용을 담은 '책임투자원칙'을 발표하면서 ESG 개념이 정립되기 시작한다.

04. 기업의 공유 가치 창출(CSV) 활동

　기업의 공유 가치 창출(CSV) 활동은 하버드대학 교수로 재직 중인 포터 (M. Porter)와 크래머(M. Kramer)가 2011년에 하버드 비즈니스 리뷰 (Harvard Business Review)를 통해 발표한 논문에서 공식적으로 제안한 개념이다. 이보다 5년 전인 2006년에 포터와 크래머는 기업의 사회적 책임 (CSR) 활동에 대한 새로운 관점의 해석을 발표하면서, CSR의 한계를 벗어 나 기업과 사회가 상호 win-win할 수 있는 혁신적인 방법론의 단초를 제공 하였다. 그들은 당시까지 다분히 당위적, 윤리적 명제로 논의되어 왔던 기업 CSR 활동을 반응적 CSR(responsive CSR)과 전략적 CSR(strategic CSR)의 2종 유형으로 구분하면서, 그때까지 CSR 활동의 주류를 이루었던 반응적 CSR을 벗어나 전략적 CSR로 이행할 것을 주장하였다.

　반응적 CSR이란, 1980년대 중반부터 기업의 윤리 의식과 도의적 책임을 강조하는 학계와 사회의 분위기가 거세지고, 대다수의 시민들도 기업을 사회 문제의 해결사로 간주하면서 그에 걸맞는 도덕적 행동을 종용하는 추세가 강화된 속에서, 기업이 그러한 사회, 학계, 시민들의 요구에 대한 수동적 대 응 내지 반응의 결과로서, 다양한 방식으로 사회에 대한 보상을 수행하고 사 회를 위한 공공의 선행을 베푸는 제반 활동들을 의미한다. 사회에 대한 보상 과 선행을 실천하는 과정에서는 기업이 영업 활동을 통해 획득한 이윤도 부 분적으로 사용될 것인데, 따라서 이런 과정이 지속될수록 기업에게는 재정 적, 심리적 부담이 가중될 수밖에 없을 것이다.

2000년대 이전까지만 해도 적지 않은 기업들은 이처럼 CSR 활동을 기업이 경영활동 외의 영역에서 별도의 비용을 '소모적으로' 지출하면서 부담해야 하는 반강제적, 윤리적 의무사항으로 받아들였고, 따라서 대부분의 CSR 활동은 기업의 자율적, 능동적 의사가 아니라, 수동적, 타율적인 보여주기식 행위로 진행된 측면을 배제할 수 없었다(문휘창·이연우, 2014). 이로 인해 CSR의 지속가능성이나 타당성에 대한 비판과 회의적 시각이 계속 제기되어 왔다.

이러한 비판과 회의적 시각에도 불구하고 CSR 활동이 끊이지 않고 지속된 것은 다음과 같은 논리와 주장들 때문이었다. 첫째, 기업은 사회의 주요 구성원이기 때문에 사회에 공헌해야 할 일정한 의무를 지닌다는 주장으로서, CSR과 관련된 가장 보편적, 전통적인 관점이라고 할 수 있다(배정호, 2017). 기업은 이러한 도덕적 의무에 대한 반응으로서 자의 반, 타의 반으로 CSR 활동을 수행하게 된다.

둘째, 기업이 지속적으로 성장하기 위해서는 사회 전체와 안전과 안정, 조화로운 발전을 도모하고 사회적 환경을 잘 보존해야 한다는 주장이다. 예컨대, 제조업 분야에 종사하는 특정 기업이 단기적 이익을 위해 유해 물질을 특수 처리 공정을 거치지 않은 채 함부로 배출하게 되면 주변 환경이 파괴될 것이고, 그렇게 되면 결국 장기적으로는 해당 기업도 막대한 피해를 입을 것이기 때문에, 기업은 스스로를 지키기 위해서라도 사회 환경을 지속적으로 보호하기 위해 노력해야 한다는 논리이다(배정호·박현숙, 2017). 즉, 기업은 사회 환경과 사회적 시스템을 잘 보존하고 보호하면서 지속적인 성장 동력과 성장 조건을 마련하기 위한 대응적, 반응적 행위로서 CSR 활동을 수행해야 한다는 것이다.

셋째, 사회적 책임을 성실하게 실천하는 기업들은 소비자들이 기업에 대해 갖는 기대나 욕구를 충족시킴으로써 기업의 대외적 이미지를 좋게 구축할 수 있다는 주장이다(배정호, 2017). 따라서 기업은 소비자들의 기대에 대한 반응으로서 CSR 활동을 수행해야 한다는 것이다.

위의 3종 견해를 종합해 보면, 반응적 CSR은 기업이 사회적 책임을 다하기 위해서는 기업의 이익을 어느 정도 희생하면서 사회의 기대와 요구, 암묵적인 압력 등을 타율적으로 수용할 필요가 있다는 논리를 전제로 하고 있음을 알 수 있다. 이는 결국 사회의 이익과 기업의 이익이 본질적으로 상호 배타적인 관계이기 때문에, 어느 한쪽(사회, 시민)의 이익을 위해서는 다른 한쪽(기업)의 이익을 일부 희생하거나 양보해야 한다는 관점을 토대로 하고 있다. 바로 이러한 관점을 비판하고 반응적 CSR에 대한 전면적인 문제 제기를 하면서 제시된 개념이 전략적 CSR이다.

전략적 CSR의 관점에 따르면, 기업과 사회의 이익은 상호 배타적이거나 상충되는 관계가 아니라, 기업의 전략적 출발점이나 경영 철학에 따라 얼마든지 양자를 조화시키면서 상호 보완적·공생적인 관계로 발전시킬 수 있다는 것이다(문휘창·이연우, 2014). 기업은 시시각각으로 변화하는 사회적 환경에 능동적으로 적응하면서 사회 발전에 기여하는 동시에, 스스로의 이윤을 증대시킬 수 있는 능동적인 조직이어야 한다. 이를 위해 기업은 사회 공공의 이익과 기업의 이익이 일치되고 상호 조화를 이룰 수 있는 전략적인 활동들을 통해 사회적 책임을 자연스럽게 이행하는 방향으로 경영 계획을 수립해야 한다(김덕호·김중화, 2013).

예컨대, 특정 기업이 새로운 정직원을 충원하고자 할 때 지역 공동체의 고용 창출에 기여하는 방식으로 계획을 세우고 세부 전략을 마련한다면, 이는 단순히 기업의 인사 충원 활동에만 그치는 것이 아니라, 기업과 해당 지역 사회가 서로 win-win하는 CSR 활동으로 충분히 승화될 수 있을 것이다(유승권, 2018). 전략적 CSR 활동은 이처럼 경영 외적인 별도의 자선 행위나 선행 실천 및 그를 위한 기업 이윤의 부분적 소모·희생에 머물지 않고,

새로운 경영 활동 수립과 기회 창출을 사회 공공의 이익 및 사회 구성원에 대한 혜택과 조화시키려는 전략을 의미한다.

즉, 전략적 CSR은 기업의 새로운 사업 영역이나 비즈니스 플랜이 기업에게만 새로운 기회와 경쟁력을 창출하는 것이 아니라, 산업계 전체와 지역 사회, 나아가 국가 전체의 발전과 안정에도 기여하는 방향으로 수립·이행되는 상태를 뜻하며(Porter, Kramer, 2006), 기업의 CSR 활동은 이처럼 사회와 기업이 상호 win-win할 수 있는 상생적 방향성을 지향해야 한다는 것이다. 이 같은 새로운 관점의 제시를 통해 반응적 CSR의 한계와 문제점을 뛰어넘은 전략적 CSR은 사회적 책임과 사회 공공의 가치에 대한 기업의 능동성, 자율성을 강조하고, 기업의 이익과 사회의 이익을 상호 대립적, 배타적인 관계가 아니라, 상호 보완적, 공생적 관계로 파악함으로써, CSR 활동에 대한 뚜렷한 인식의 전환을 이루게 되었다(문휘창·이연우, 2014).

포터와 크래머는 여기에서 더 나아가 CSR에 대한 대안이자 보다 성숙·진화된 개념으로서 CSV를 공식 제안하였다(Porter, Kramer, 2011). CSV는 사회 발전에 도움이 되는 '공공 가치', 혹은 사회 구성원들이 모두 동의하고 기대할 만한 '공유 가치'(Shared value)를 기업의 비즈니스 활동과 연계·연동시킴으로써, 기업들이 사업적 이익과 사회적 혜택을 동시에 달성해야 한다는(혹은 달성할 수 있다는) 개념이다. 기업이 비즈니스나 마케팅 활동을 통해 사회 공공의 가치를 구현하고 다양한 사회적 혜택, 편익 등을 더불어 창출하기 위해서는 뚜렷한 경영 철학과 함께 기업의 전문성과 경쟁력, 가용 자원 등을 최대한 효율적으로 활용해야 하는데, 이를 위해서는 기업의 주력 사업 영역 및 특화된 경쟁력과 관련된 사회 부문에 대해서도 지속적인 투자를 할 필요가 있다(변선영·김진욱, 2011).

과거의 기업들은 사업적, 경제적 이윤의 극대화가 기업가치를 제고하는 핵심 수단이라고 인식하였고, 이러한 인식 아래 공격적인 마케팅 활동을 통한 영업 이익 획득에 기업의 모든 경쟁력과 인적, 물적 자원을 집중시킴으로써, 기업의 장기적인 성장과 발전, 안정적인 생존에 영향을 미치는 다양한 사회적, 환경적 요인들을 간과하거나 과소평가해 왔다(김예정, 2015). 그러나 기업이 수익 증진에만 집착한 나머지 지역사회의 안전, 위생, 보건, 환경, 지역여론 등을 홀시하거나 등한시한다면, 이러한 요소들은 결국 중장기적으로 기업의 지속적 발전이나 성장에 부정적인 영향을 미칠 수밖에 없다(권윤구·주신하, 2015). 예를 들어 특정 기업이 위치한 지역의 기반 시설이 낙후되거나 인구가 감소하는 등 지역 전체가 쇠퇴하게 된다면, 해당 지역에 소재한 기업들이 이 같은 주변 환경의 전반적인 낙후·쇠락 상황과는 무관하게 개별적인 사업 성장을 달성하는 것은 어렵다.

반대로 한창 성장·개발 중인 신흥 지역에 소재한 기업들은 지역사회의 성장·발달 및 지역 경제 활성화의 영향을 받아 좀 더 용이하게 사업적, 경제적 이윤을 증대시킬 수 있다.

결국 사업적, 경제적 이윤의 극대화만으로 기업의 경쟁력을 유지하고 발전 동력을 확보하는 데에는 구조적 한계가 있을 수밖에 없으며, 따라서 기업이 장기적으로 미래 경쟁력을 확보하면서 지속 가능 경영을 수행하기 위해서는 사회가 추구하고 기대하는 공공 원칙과 공유 가치를 적극적으로 실천하고 창출하려는 노력을 기울여야 함을 알 수 있다(이정기·이장우, 2016).

이 같은 사실에 주목하면서 포터와 크래머는 기업의 핵심적인 비즈니스 프로세스와 사회적·환경적 책임을 융합·접목 시킨 참신하고도 혁신적인 방법론으로서 '공유 가치 창출'(CSV) 활동을 제안하였다. 그들에 따르면, CSV 활동에 대한 주도 면밀하고 철저한 전략적 기획을 통해, 기업은 사회의 당면 문제를 해결하고 사회가 요구하는 공공 가치를 창출함과 동시에, 높은 경제적 수익도 함께 얻을 수 있으며, 그와 같은 상생적(相生的), 상보적(相補的) 과정을 통해 기업과 사회 쌍방이 모두 원하는 공통적인 목표를 함께 달성할 수 있다고 설명하였다.

좀 더 구체적으로 살펴보면, 기업이 추구하는 비즈니스 가치 창출(Creating Business Value)은 기업의 장기 경쟁력을 강화하고 지속적, 미래적 성장을 견인할 수 있는 사업 및 투자 활동을 의미하고, 이에 대해 기존의 CSR 활동이 지향한 사회적 가치 창출(Creating Social Value)은 사회적, 환경적 목적을 달성하고 사회 공공에 혜택을 줄 수 있는 사업 및 투자 활동을 의미하는데, CSV(Creating Shared Value) 활동은 양자를 융합하여 기업의 장기 경쟁력 강화, 지속적 성장 동력 창출 및 사회적, 환경적 목적을 함께 달성할 수 있는 사업 및 투자 활동을 지향하면서, 그를 가능하게 하는 방법론을 모색하려는 것이다. 이를 알기 쉽게 도식화해 보면, 다음과 같다.

[그림] CSV 개념도
출처 : 포터와 크래머, 2006 재구성

이상과 같이 기업의 가치와 사회 공공의 가치를 상생적, 상보적으로 조화·병행하기 위해서는 그것을 가능하게 하는 새로운 사업 및 투자 영역을 개발하거나, 이윤 창출에만 초점이 맞춰져 있었던 기존의 사업·투자 영역의 방향성이나 목표를 수정·보완하는 작업이 필요할 것이다(임채원·김병섭, 2012).

이러한 준비 작업이나 장기적 계획을 통해 기업의 경제적 목표인 사업적, 재무적 이윤 창출과 사회적, 공공적 가치 및 사회적 책임을 동시에 달성하고자 하는 CSV 활동은 21세기 이후의 사회적, 기업 환경적 변화에 적응하면서 기업의 목표와 사회 공공의 목표를 상호 충돌이나 모순 없이 효율적, 합리적으로 융합·접목 시키는 방향으로 확장되고 진화되어 온 것이라고 볼 수 있다.

05. 기업의 공유 가치 창출(CSV) 활동의 가치와 효과

CSV라는 새로운 개념을 통해 기업들은 이윤 추구를 목적으로 하는 경제적 가치 활동에 사회 공공의 이익 및 혜택 창출을 목적으로 하는 사회적 가치를 결합시켜 장기적으로 지속 가능한 비즈니스 모델을 창출할 수 있게 되었다.

이러한 CSV 활동은 기업의 이익 창출만 일방적으로 중시하고 강조했던 20세기 자본주의의 시스템적 문제점을 극복하면서 기업의 바람직한 장기 성장을 가능하게 하는 혁신적인 미래 경영 패러다임으로서, 단기간의 사회적 선행이나 일회성, 이벤트성 자선 활동의 한계에서 벗어나 장기적, 구조적인 기업 경영 성과로 승화될 수 있는 전략이라는 점에서 효율성, 합리성과 진정성을 동시에 확보하게 되었다(나종연 외, 2014).

아울러 CSR은 기업의 일방향적인 자선이나 선행 활동이 주류를 이루면서 그 과정에서 소비자들이 동참하거나 소비자 여론이 반영될 가능성이 극히 제한적이었지만, CSV에서는 소비자들도 기업의 사회적 활동에 적극 동참하여 기업과의 협력·연계 하에 올바른 공공의 가치를 만들어 가는 쌍방향적 활동과 의사 소통이 보다 중시됨으로써, CSV는 사회 구성원들과 기업과의 관계 면에서도 CSR의 한계를 극복할 수 있게 되었다(김재균, 2016).

이처럼 CSV 활동은 기업과 사회가 공공의 가치를 중심으로 하나로 수렴되는 전략적 '동반자 관계'를 구축함으로써, 20세기 자본주의의 주류를 이루었던 과열 경쟁 구조를 벗어나서 기업의 비즈니스 능력과 기업을 둘러싼 국가사회의 성장 동력이 상호 조화와 협력을 이루는 상생 및 동반 성장 구조를 지향하게 된다(정진섭·이민재, 2012). 이러한 구조 변화를 통해 결과적으로 CSV 활동은 21세기의 자본주의를 한 단계 성숙·진화시키는 데에도 기여할 것으로 전망된다.

기업과 기업 구성원, 주주, 협력사, 소비자 등 다양한 이해 관계자들이 함께 협력하고 소통하면서 공유 가치를 창출하고, 그 가치가 기업의 경제적 가치와 사회의 공공적 가치로 이상적으로 배분되며, 그를 통해 기업과 사회 모두의 균형적, 상생적 성장을 달성하는 것이 CSV 활동의 궁극적인 지향점이라고 할 수 있다(김세중 외, 2012).

아울러 이 같은 공유 가치, 공공 가치는 기업의 순조로운 발전이 주변 환경과 사회의 동반 발전을 가져오고, 환경과 사회의 발전이 다시 기업 발전으로 환원되는 선순환 구조를 창출함으로써, 개별 기업들은 물론, 전체 산업계, 사회, 국가가 모두 더불어 성장하는 포용적, 총체적 성장 국면을 생성하게 된다(박병진·김도희, 2013). 이런 점에서 CSV 활동의 미래 지향적인 가치와 효과를 확인할 수 있다.

한편, CSV 활동이 CSR 활동과 구별되는 가장 큰 차이점은 공공 가치와 비즈니스 간의 연계성이다. CSR 활동은 비즈니스나 마케팅 영역을 통해 획득한 사업적 이윤의 일부를 사회적 선행에 투입·사용하는 구조로서, 그 사회적 선행은 대부분 기업들의 주력 비즈니스 영역과는 무관한 선심성(善心性), 시혜성(施惠性)의 보상 혹은 환원 행위이기 때문에, 이 과정에서 사용되는 기업의 비용은 회수되거나 복원되지 않는 소모성 비용이 된다(문성준, 2015). 이 같은 성격 때문에 CSR 활동의 지속 가능 여부 및 기업에 미치는 부정적인 영향과 관련하여 많은 비판이 제기되었던 것이다.

이와는 달리 CSV 활동은 사업적 이윤 창출을 사회 공공의 가치와 연동시켜 양자를 동시에 달성하는 방법을 모색하고 실천하는 것이다(Porter, Kramer, 2011). 서론에서 예를 든 것처럼, 필츠 코리아는 B2B 고객들을 대상으로 한 안전 시스템 구축, 안전 컨설팅 등의 주력 비즈니스 영업을 통해 이윤을 거두고 사회의 안전 문화 정착에도 기여하였다. 이처럼 기업은 사회 공공의 가치, 사회 구성원들에 대한 혜택과 편익 등을 보장하면서도 사업적, 경제적 이익도 함께 획득할 수 있는 상생적, 사회 공헌적 사업 및 투자 부문을 지속적으로 개발하고 구축해야 한다(나철희, 2018).

CSR 활동은 사업적 이익의 일부분을 투입하여 사회 구성원들을 위한 혜택과 선행을 베풀고 그를 통해 기업의 사회적 책임을 이행하는 구조이기 때문에, CSR의 세부 영역과 기업의 핵심 역량 간에는 연관성이 거의 없거나 매우 낮다고 볼 수 있다. 이에 비해 CSV 활동은 비즈니스나 마케팅 전략 수립의 초기 단계부터 경제적, 사회적 가치를 함께 고려하기 때문에, 기업 핵심 역량과의 연관성이 매우 높다고 볼 수 있다.

또한, 기업의 CSR 활동은 사업적 이윤의 일부분을 소모적, 일방향적으로 사용해야 하기 때문에 CSR을 위한 '사업 외 예산'을 별도로 편성해야 하고, 따라서 가용 자원도 한정적, 제한적이지만, CSV 활동은 그 자체로 기업 경영 활동의 일부분이기 때문에, 전략 추진과 목표 달성을 위해 많은 인적, 물적 자자원과 사업 예산을 편성·투입할 수 있어서 가용 자원이 풍부하고 장기적, 지속적 투입도 가능하다(박희순, 2018). 또한 이렇게 투입된 예산은 새로운 경제적, 사회적 이윤과 가치를 창출함으로써, 지속적인 재투자, 재투입을 보장할 수 있다.

지금까지 살펴본 CSR과 CSV 활동의 내용과 효과를 상호 비교해서 정리해 보면, 아래와 같다.

[표] CSR과 CSV의 비교

구분	CSR	CSV
추구하는 가치	기업의 사회적 책임, 기업 이윤의 사회 환원 및 보상	기업의 경제적 이윤과 사회의 공공 가치의 조화, 상생.
활동 영역	선심성, 시혜성 자선 활동	경제적, 사회적 가치를 동시에 지닌 미래 지향적 사업 및 투자 활동.
이윤 추구 여부	이윤 추구, 이익 극대화 등과는 무관한 비즈니스 외 활동.	이윤 추구, 이익 극대화를 위한 활동, 기업 비즈니스의 중요한 구성 요소.
결정 과정	사회적, 대외적 요구나 기업 외적인 상황에 의해 활동의 세부 내용이 결정됨.	기업의 내부 상황이나 비즈니적 필요성에 의해 활동의 세부 내용이 결정됨.
비용 편성	경영 활동 등에 의해 CSR에 투입 가능한 비용이 제한됨.	CSV 활동을 위해 기업 예산과 자원을 필요한 만큼, 제한 없이, 지속적으로 편성·투입 가능함.
활동 결과	CSR에 투입된 비용은 회수되거나 새로운 이윤을 창출하지 못함.	CSV에 투입된 비용으로부터 새로운 경제적, 사회적 이윤을 창출 가능.

출처: Porter, Kramer, 2011을 참조하여 재구성함.

06. 기업의 공유 가치 창출(CSV) 활동의 실천 전략

CSV 개념의 창시자인 포터와 크래머는 CSV 활동을 위한 세 가지 실천 전략을 제시하였다. 이에 대해 정리해 보면, 다음과 같다.

첫 번째, 기업 경영 활동의 핵심적 요소인 제품과 시장(Products and markets)을 효율적으로 분석하고 파악해야 한다. 기업은 효과적인 CSV 활동을 위해 새로운 관점에서 제품과 시장을 관찰하고 해석하며 대응할 필요가 있다. 특히 시장의 충족되지 못한 요구를 정확하게 인지하고 기민하게 수용·해결함으로써, 보다 많은 경제적 가치와 사회 공공의 가치를 구현하고 창출하기 위해 노력해야 한다(최재백, 2016).

과거에는 기업들이 관심을 두지 않았던 다양하고도 참신한 사업들, 즉 저소득층의 니즈를 충족시키는 제품의 개발 및 생산, 지역 소외 계층을 위한 일자리 창출 등을 예로 들 수 있는데, 이처럼 각계각층의 다양한 소비자들에게 적절한 혜택과 편익을 제공하는 과정을 통해 기업은 높은 사회적 가치를 창출하는 동시에 경제적 수익도 획득해야 한다(김성규, 2014).

두 번째, 가치 사슬의 생산성(Productivity in the value chain)을 개선·향상 시켜야 한다. 예컨대, 특정 기업이 신제품을 개발하기 위해서는 제품의 기본 성능을 유지하면서도 누구나 부담 없이 구입할 수 있는 합리적인 비용 구조를 구축해야 한다. 이 과정에서 효율적인 자원 활용 및 배분, 운송 비용 절감, 제품 생산 프로세스 혁신, 제품 생산 시간의 단축, 유통 경로 혁신 등

기업의 경제적 가치를 창출하는 세부 절차에 대한 전반적인 혁신과 개혁, 조정 등을 통해 불필요한 비용 소모를 방지함으로써 기업의 가치 사슬의 합리성, 효율성을 재고해야 한다(조형례 외, 2011).

세 번째, 지역 클러스터 개발(Local cluster development)을 촉진해야 한다. 기업이 우수한 경쟁력을 확보하고 사회와 상생하면서 동반 성장하기 위해서는 기업이 위치한 지역사회에서 필요한 정보나 지식, 적절한 인적, 물적 자원을 신속히 공급하고 지원할 수 있는 연구소, 대학, 유통망, 부품업체 등이 복합적으로 융합된 생산 클러스터를 형성함으로써 효율적 산업 운영 인프라를 구성해야 한다(양승훈·김병용, 2015). 이를 통해 불필요한 간접 비용을 제거하고 해당 지역에서 고용 창출과 소득 증대를 이루는 등 경제적 가치와 사회적 가치를 동시에 충족시킬 필요가 있다.

이상과 같은 세 가지 영역의 CSV 실천 방안들은 상호 분리된 것이 아니라, 서로 긴밀하게 연결·연계된 방안이라고 볼 수 있다. 즉, 합리적인 지역 클러스터의 개발 및 구축은 가치 사슬 생산성을 전반적으로 향상시키고, 향상된 가치 사슬 생산성은 제품과 시장에 대한 합리적인 인식과 분석에 직접적인 도움을 주게 된다.
이처럼 기업은 제품과 시장에 대한 인식 강화, 기업을 둘러싼 가치 사슬 생산성의 향상 및 지역 클러스터의 개발·구축 등을 통해 CSV 활동을 더욱 성공적으로 영위하고 실천할 수 있다.

07. 기업의 사회적 책임(CSR)과 ESG의 비교

현대사회에서 기업은 사회와 긴밀한 계약 관계를 맺고 있으며, 이 관계의 측면이 자본주의의 확대에 따라 경제적 측면에 더하여 사회적 측면까지 확장하였다. 그러면서 기업의 사회적 책임(CSR)이 요구되기 시작하였고 그 가운데 지속가능성을 중심으로 계속해서 사회적 책임이 확장되어 갔다. 현대사회에서는 기업의 지속가능한 사회적 측면을 판단하는 기준을 다시 환경, 사회, 지배구조로 세분화하였으며 이것이 바로 ESG로 정의되면서 기업을 평가하는 하나의 요소로 활용되기 시작하였다.

현재 기업의 사회적 책임(CSR)과 ESG를 구분하는데 핵심이 되는 것이 바로 '관점'이다. 기업의 사회적 책임(CSR)과 ESG 둘 다 지속가능성을 중심으로 사회적 계약에 참여한다는 점에서 그 의미가 유사하다고 할 수 있다.

그러나 기업의 사회적 책임(CSR)은 기업의 이미지 제고 및 평판 향상에 그 효과를 집중시켜 '기업 시민'으로서 자발적인 활동을 한다는 관점을 가진다면, ESG는 투자자가 기업의 환경·사회적 책임·지배구조 활동에 대한 결과를 정량적으로 산출하여 최종 투자를 결정하는 데 비재무적 요소로 활용하는 관점에서 차이가 있다.

제3장
ESG 평가

01. ESG 평가의 필요성

ESG는 ESG 자체로 사용되기보다는 'ESG 평가', 'ESG 경영', 'ESG 지표' 등의 복합의미로 사용되고 있다. 그러면서 ESG 경영을 위한 조직 내 팀이 신설되고, 각종 연구가 진행되고 있으며 ESG 평가 지표에 대한 국가 수준의 요구가 발생하고 있다.

ESG 이슈가 등장한 이후 전 세계적으로 ESG에 대한 관심이 고조되면서 제도적 규제강화와 투자(공적투자, 민간투자)기관의 ESG 정보공개에 대한 수요가 급증하였으며, 기업들이 대응 노력도 확대되고 있다.

제도적 측면에서는 2006년 UN PRI의 지속가능성장 관련 6대 원칙이 발표된 이후 세계 주요국들은 ESG 정보공개에 대한 의무화, 공급망 실사 등을 통해 ESG 관련 규율을 강화하고 있는 추세이다.

투자 측면에서는 글로벌 연기금 기관들의 ESG를 내재화한 책임 투자가 보편화되고, 자산운용사 및 신용평가사 등 민간투자 기관들도 ESG를 기업의 미래가치로 인식하면서 기업 ESG 정보공개 수요가 급증하고 있다.

민간 측면에서는 기업의 ESG 관련 정보공개 요구가 증가하고 평가가 확대되면서, 평가·컨설팅·자문을 수행하는 평가기관들이 급증하고 있을 뿐만 아니라, 산업 단위의 협·단체 수준에서 목적을 해결하기 위하여 단체를 출범하는 등, 자발적 대응과 노력이 확대되고 있는 추세이다.

국내에서는 2011년을 기점으로 ESG 평가가 시작되었다. 한국기업지배구조원(KCGS)은 2003년에 국내 상장기업의 공시자료를 바탕으로 G(지배구조) 부분에 대한 평가를 실시해 왔다. 그러다가 2011년부터는 E(환경) 부분과 S(사회) 부분을 추가하였고, 등급 체계에도 8단계, 5단계 등을 거쳐 현재는 7단계 체계(S, A+, A, B+, B, C, D)로 평가하고 있다.

2021년 1월 한국거래소에서 ESG 정보공개 가이던스를 제정하면서 상장사가 ESG관련 정보를 공개할 때 참고할 수 있도록 하였다. 금융위원회는 2030년까지 모든 기업의 ESG 공시 의무화를 위해 '기업공시제도 종합 개선 방안'을 발표하였다. 이제 모든 기업이 ESG 경영을 고려할 때가 된 것이다.

2021년 3월 제 48회 상공의 날 기념식에 참석한 문재인 대통령은 "이제 경제 반등의 시간이 다가왔다. 경제 회복이 앞당겨지고 봄이 빨라질 것이다...(중략)... 환경(E), 사회(S), 지배구조(G) 같은 비재무적 성과도 중시하는 ESG라는 따뜻한 자본주의의 시대를 열어야 할 때이다."라고 언급하였다. 또한 2021년을 '모두를 위한 기업 정신과 ESG 경영' 확산의 원년으로 삼고 더 많은 기업들이 참여하도록 힘껏 돕겠다고 하면서 지속가능경영보고서 공시제도를 개선하고, ESG 표준 마련과 인센티브 제공도 추진하겠다고 공표하였다.

민관 합동으로 대통령 직속 탄소중립위원회를 출범하여 기후 변화 대응, 탄소중립 실현을 위해 산업계와 긴밀히 소통하고 협력할 것이라며 ESG와 더불어 새로운 자본주의 시대의 도래를 재촉하였다.

02. ESG의 평가 요소

　기관투자자들은 주로 기업의 성장 가능성이나 경제적 가치를 추구하는 기업에 관심을 갖고 주가수익률(Price Earning Ratio: PER), 주가순자산비율(Price Book-value Ratio: PBR), 자기자본이익률(Return On Equity: ROE) 등 전통적인 재무지표를 참고하여 투자를 진행하였다.

　그러나 현대사회에 접어들면서 기업의 사회적 책임을 요구하는 문화가 국제 수준에서 형성되고, 재무적 위험 관리 요소뿐만 아니라 비재무적 위험 관리의 필요성이 증대되었다. 또한 지속가능한 기업인지 분별하고자 하는 노력이나 평가가 진행되면서 비재무적 기준이 중시되기 시작하였다. 이는 비재무적 요소들을 잘 다루는 기업이 장기적인 관점에서는 재무성과도 우수했기 때문이다.

　현재 ESG 경영, ESG 평가, ESG 투자에 대한 급속도의 관심이 생기면서 기업의 ESG를 평가하기 위한 ESG 평가기관들이 우후죽순처럼 생겨나고 있다. 그러나 평가기관마다 기준이 상이하다 보니 그 등급의 차이도 심각한 경우가 많다.

　우리나라의 ESG 대표기관인 한국기업지배구조원의 ESG 평가 요소는 다음과 같다.

　환경 카테고리에서는 환경경영, 환경성과, 이해관계자 대응을 중심으로, 사회 카테고리에서는 근로자, 협력사 및 경쟁사, 소비자, 지역사회를 중심으로, 지배구조 카테고리에서는 주주 권리 보호, 이사회, 감사기구, 공시를 중심으로 ESG를 분류하고 평가한다. 모든 ESG 평가기관이 이런 분류체계를 따르는 것은 아니나, 전체적으로 의미하는 바나 추구하는 사항은 유사하다.

[표] ESG와 기업의 장기적 성장

환경(E)	사회(S)	지배구조(G)
[환경경영] 환경조직 목표 및 계획 수립 친환경 공급망 관리 수자원/ 폐기물 관리 기후 변화 환경위험 관리 성과평가 및 감사	[근로자] 고용 및 근로건 노사관계 직장 내 안전 및 보건 인력개발 및 지원 직장 내 기본권	[주주권리보호] 주주권리의 보호 주주권 행사의 편의성 소유구조 경영과실 배분 계열회사와의 거래
[환경 성과] 수자원/ 폐기물 관리 기후 변화 환경위험 관리 친환경 제품 및 서비스	[협력사 및 경쟁사] 공정거래 부패방지 사회적 책임 촉진	[이사회] 이사회 구성 및 운영 이사회 평가 및 보상
[이해 관계자 대응] 환경 보고 이해관계자 대응 활동	[소비자] 소비자에 대한 공정 거래 소비자 안전 및 보건 소비자 개인정보 보호	[감사기구] 이사회 내 위원회 감사기구 구성 감사기구 운영
	[지역사회] 지역사회 참여 및 사회공헌 지역사회와의 소통	[공시] 공시 일반 홈페이지 정보공개

출처: 한국기업지배구조원, 2020 자료 재구성

ESG 경영은 앞으로도 역사에 근거하여 새로운 세부 전략과제들을 도출할 것이다. 기업 수준을 넘어서서 국가 수준에서 ESG 국가경영이 이루어지고, 더 나아가 ESG 글로벌 아젠다가 수시로 등장할 것이다. 세계 흐름에 따라 ESG 중 특정한 요소가 강화될 수도 있고, 또는 새로운 요소가 추가되거나 대체될 수도 있다. M&A, 투자, 심사, 진단 부분에서 ESG 요소가 핵심적으로 활용될 것이다.

　글로벌 흐름을 탄 ESG의 개념과 역사적 의의를 정확하게 이해하고 탄탄하게 다질수록, ESG 경영 시대에 뒤처지지 않는 것은 물론, ESG 경영을 선도하는 역할을 할 수 있을 것이다.

　ESG는 기업이 사회와 더불어 지속적으로 성장할 수 있는 가장 기본적인 개념이자 경영 방식으로 자리 잡았다. 앞으로 환경, 사회, 지배구조를 중심으로 기업의 성장 궤도가 새롭게 구축될 것이다. 현재는 그룹의 총수로부터 ESG 경영을 강조하며 새로운 팀이 신설되는 등의 TOP-DOWN 방식이 적용되고 있으나, 몇 년 후에는 직원 하나하나가 셀프 ESG 경영을 실천하는 사회가 도래할 것이다.

03. ESG 평가의 문제점

금융투자협회의 2020년 보고에 따르면 2018년 글로벌 ESG 투자 규모는 30조 6830억 달러, 한화 3경 7329조 원이며, 2012년도 대비 3배가량 증가했다고 보고하였다. 국내 설정된 ESG 펀드도 3,869억 원으로 2년 전보다 약 2.5배 이상 증가하였다.

세계 최대 글로벌 자산운용사 블랙록은 기후 변화와 지속가능성을 2020년 투자 포트폴리오 최우선 순위로 삼겠다고 발표한 만큼 ESG 경영과 투자에 대한 중요성이 대두되고 있다. 국내에서는 한국투자공사, SK증권, NH투자증권, 이스트스프링자산운용, 신한은행 등이 ESG 투자를 활발히 진행하고 있는데, 이 ESG 투자는 ESG 평가를 바탕으로 진행하고 있다.

글로벌 ESG 평가기관들은 하루에도 여러 곳이 생겨나고 있고, 평가기관마다 기준과 요소가 모두 상이하여 받는 등급이 제각기 다른 실정이다. 현재 세계적으로 ESG에 대한 평가 지표는 약 600개 이상으로 난립하고 있다. 따라서 평가 지표나 평가 모델에 따라서 같은 기업도 평가 결과가 다르게 나타나는 문제가 있다.

실제로 모건스탠리 캐피털 인터네셔날(MSCI), 레피니티브, 한국기업지배구조원의 평가 결과를 보면 다음과 같다.

[표] 주요 기업 ESG 경영평가 결과

기업명	모건스탠리캐피털 인터네셔날(MSCI)	레피니티브	한국기업지배구조원
삼성전자	A	91	A
현대자동차	B	74	A
기아	CCC	62	A
LG전자	A	90	B+
LG화학	BB	69	B
롯데쇼핑	B	49	A

출처: 각각의 ESG 평가기관

위 표에서 롯데쇼핑의 경우 세 평가기관의 등급을 나열하면 A, B, 49점이 된다. 딱 봐도 수준이 비슷하지 않으며, 정확한 가이드 라인이 없는 느낌이다. 이처럼 대표적이고 세계적인 기업만도 이렇게 평가 기준이 상이하기 때문에 기업들은 여러 기관에 평가를 의뢰하고 가장 좋은 평가를 준 기관의 등급만을 공개하여 홍보할 수도 있는 노릇이다. 또한 평가기관들은 평가 요소들은 대체로 공개하고 있지만 세부적인 평가 비중이나, 평가 절단점은 공개하고 있지 않다.

대외비라는 것이 그 이유인데, 실제 성과 평가를 위해서는 평가 목적과 절차를 구체적으로 공지하는 것이 필요이다. 또한 각 기관들마다 공통된 합의점이 있는 것도 아니며, 더 나아가 ESG의 정의 및 개념이 정확하게 합의되지 않았기 때문에 그 파생된 평가 요소도 서로 다를 수 있다. 특히 한국만의 법, 제도, 문화, 사회적 현안을 반영하지 않은 ESG 지표는 투자자들의 잘못된 의사결정을 불러일으킬 수 있다. 이에 한국형 ESG 평가 모델이 필요하다는 의견에는 대다수의 전문가들이 동의하고 있다.

04. ESG의 한국형 평가 모델의 필요성

국내에서는 여러 기관들이 ESG 표준 모델의 주도권을 확보하기 위해 경쟁에 나섰다. 한국형 ESG평가 모델을 정교하게 개발하여 보급하려는 발걸음이 빠르다.

법정 민간경제단체인 대한상공회의소는 산업통상자원부와 생산성본부 등과 함께 한국형 ESG 경영 성과 지표를 수립하는 작업에 착수하였고, 2021년 5월 산업통상자원부는 K-ESG 지표의 첫 초안을 공개하였다. 산업통상자원부는 "국외 ESG 지표는 우리나라의 경영환경 및 특수성을 고려하지 않아 국내기업에 역차별을 야기할 가능성이 있다."고 말하면서 "K-ESG는 우리 업계의 ESG 평가 대응능력 강화에 기여할 것"이라고 밝혔다.

한국경제신문은 한경 ESG 평가 모델을 연세대, IBS컨설팅 등과 공동 개발하였다. 환경(55개), 사회(29개), 지배구조(28개)에 더하여 부문별로 사회적 논란(34개)을 추가한 150여 개의 지표이다.

사회적 논란은 국내에서 중요하게 다뤄지는 이슈를 평가하는데, 예컨대 환경 부문 지표에서 화학물질이나 유독가스 및 독극물 누출에 대한 이슈가 없는지 확인하는 것이다. 사회 부문 지표에서 산업재해가 얼마나 어떻게 발생하였는지 등을 확인할 수 있다. 한경 ESG 평가 모델은 환경과 사회의 비중이 높으며, 업종별 특성에 따라 서로 다른 지표를 잣대로 평가한다.

매경미디어그룹은 2021년 3월 성공적인 한국형 ESG 모델을 만들겠다며 ESG 민간협의체를 발족하였다. 경제단체 5곳, 금융단체 6곳으로 구성된 이 민간협의체는 글로벌 ESG 경영 연구를 통해 한국형 성공 모델을 도출하기 위해 협력한다.

국민연금공단도 『국민연금이 함께하는 ESG의 새로운 길』이라는 책을 출판하면서 한국형 ESG 모델을 마련하겠다고 밝혔다. 국민연금의 ESG 투자 확대는 장기 수익률과 안정성을 높여 국민 노후 자산을 수호하는 공단의 본질적 사명에 잘 부합한다며 국내 ESG 생태계를 활성화 하겠다고 밝혔다.

한국경영자총협회는 삼성전자, 기아, SK, LG, 롯데 등 내로라하는 주요 기업 사장 급으로 구성된 ESG 경영위원회를 출범했으며, 각 사별로 ESG 전담 부서장이 참여하는 실무위원회를 통해 ESG 평가지표 마련에 속도를 내겠다고 하였다.

ESG라는 키워드의 등장에 국내 기관들이 신속하게 움직이는 것처럼 보이지만, 사실상 국내에서는 여전히 생소한 개념으로 존재하고 있으며, 아시아 지역에서도 ESG 도입이 늦은 편에 속한다.

이웃 나라 일본의 경우 2018년 ESG 투자 자산 잔액이 2,700조에 달했다. 일본 기업의 ESG 채권 발행액도 2014년 338억 엔에서 2019년 8,454억 엔으로 5년간 약 25배가량 증가하였다. 중국은 30년간 약 100조 위안(1경 7,000억 원)을 친환경에 투자하고 2060년 탄소중립을 선언하면서 ESG 강자로 합류하고자 한다.

현재 존재하는 대표적인 ESG 평가기관은 모두 독립적인 방식으로 평가하고 있다. 또한 현재 참고하고 있는 평가등급은 한국기업지배구조원을 제외하면 거의 글로벌 기관이 제공한 평가등급이다. 따라서 한국형 ESG 평가 모델 수립에 심혈을 기울여, 국내 기관의 평가를 국내 실정에 맞게 할 필요가 있다. 더 나아가 글로벌 수준에서도 한국형 ESG 평가 모델을 유연하게 적용할 수 있도록 고려하면서 지표를 개발하는 것이 필요하다.

다행히도 국제회계기준재단(IFRS)이 전 세계적으로 사용할 수 있는 ESG 공시 표준을 제정하기 위해 설립한 국제지속가능성표준위원회(ISSB)가 2022년 3월 말 공시 표준 초안을 발표할 예정이다. ISSB는 초안 공개 후 세계 주요국 전문가 및 관계 당국의 의견 수렴을 거쳐 2023년 하반기에 표준안을 확정 발표할 예정이다.

05. ESG 평가 현황

　기업들은 앞다투어 ESG 평가에서 좋은 등급을 받기 위해 고군분투하고 있다. 대기업을 중심으로 ESG 신설 부서가 재빠르게 생겨났고, 국내 ESG 평가 체계를 분석하여 환경, 사회, 지배구조 경영에서 부족한 환경을 개선하고 있다. 기업이 이런 움직임을 보이는 것을 결국 지속가능경영을 실현하는 사랑받는 기업이 되기 위해서이다.

　한국기업지배구조원(KCGS)은 2003년부터 상장회사들을 대상으로 기업지배구조등급을 매기고 있다. 투자자에게 참고자료 제공을 위해 기업 이사회, 위원회, 주주총회 운영, 공지 사항 등의 항목들을 평가한다. 지난 2011년부터는 사회책임과 환경경영 등이 포함된 ESG 평가도 함께 하고 있다. ESG 평가 등급은 S, A+, A, B+, B, C, D 7개 등급으로 분류하고 있다.

　한국기업지배구조원(KCGS)에서는 우리나라 상장회사 950사를 대상으로 2020년도 ESG 등급을 발표 및 분석하였다. 분석 방법은 2020년 1월, 4월, 7월에 분기별 등급 조정을 발표하여 10월 최종 등급을 부여하였는데, 전반적으로 등급이 상향 조정되는 모습을 포착할 수 있었다.
　A+, A 등급은 6.4% 증가하였고, C, D 등급은 5.4% 감소하였다. 이런 결과는 전체 기업이 ESG 경영에 관심을 갖고 있으며, 실천을 통해 등급을 향상시키고 있다고 볼 수 있다.

[표] 2020년 ESG 등급 부여 현황

등급	2019년	2020년	증감
S	0%	0%	
A+	1.1%	2.1%	▲ 1.0%p
A	6.7%	12.1%	▲ 5.4%p
B+	18.1%	17.6%	▽ 0.5%p
B	34.7%	34.2%	▽ 0.5%p
C	35.7%	31.1%	▽ 4.6%p
D	3.8%	2.9%	▽ 0.9%p

출처: 한국기업지배구조원, 2020

A+등급은 환경, 사회, 지배구조의 모범 규준이 제시한 지속가능경영 체계를 충실히 갖추고 있으며, 비재무적 리스크로 인한 주주가치 훼손의 여지가 상당히 적은 경우를 말하는데, 다음과 같은 16사가 선정되었다.

[표] 2020년 ESG A+ 등급을 받은 기업

두산	SK네트웍스	S-Oil	SK텔레콤
풀무원	케이티	효성첨단소재	포스코인터내셔널
신한지주	KB금융	BNK금융지주	DGB금융지주
JB금융지주	효성화학	효성티앤씨	SK

출처: 한국기업지배구조원, 2020

한편 한국능률협회컨설팅에서는 한국에서 가장 존경받는 기업(KMAC; KOREA'S Most Admired Companies) 인증 제도를 운영하며, 기업 전체의 가치영역을 종합적으로 평가하여 조사 결과를 발표하고 있다. 이는 전체 산업을 망라한 국내 기업 중 30대 기업을 선정하는 All Star 조사와 산업별 경쟁 구도를 고려한 산업별 1위 기업을 선정하는 방식으로 진행되며, 산업계 간부, 애널리스트, 일반 소비자를 포함하여 약 1~2만 명 수준에서 조사를 실시한다.

조사항목으로는 지속적인 혁신능력(변화적응을 위한 혁신성 및 경영진의 경영능력)과 주주가치(재무건전성/자산 활용), 직원가치(인재육성/복리후생), 고객가치(제품 및 서비스의 질/고객만족활동), 사회가치(사회공헌/환경 친화 및 윤리경영), 이미지가치(신뢰도/선호도)로 구성되어 있다.

이런 항목들은 ESG와 긴밀하게 연관되어 있다. 예를 들어 사회가치 중 환경 친화는 환경(E)부문에, 혁신능력이나 직원가치의 경우는 ESG의 사회(S)부문에, 주주가치는 지배구조(G)부문과 연관된다.

결국 한국능률협회컨설팅의 한국에서 가장 존경받는 기업 조사 방식이 ESG 경영과 별개로 구분되지 않는다는 것을 확인할 수 있으며, 반대로 기업은 국민으로부터 존경받는 기업이 되기 위해서는 이윤 창출이라는 1차적 목표를 넘어서서 다차원적인 ESG 경영을 이룩해야 한다는 점을 확인할 수 있다. 다음은 2021년도 All Star 기업으로 선정된 기업들이다.

[표] 2021년 All Star 30대 기업

순위	기업명	순위	기업명
1위	삼성전자	16위	한국전력공사
2위	LG전자	17위	LG생활건강
3위	현대자동차	18위	신세계백화점

4위	유한양행	19위	삼성화재해상보험
5위	유한킴벌리	20위	S-OIL
6위	카카오	21위	서울아산병원
7위	포스코	22위	이마트
8위	LG화학	23위	삼성물산
9위	SK하이닉스	24위	삼성생명보험
10위	네이버	25위	SK이노베이션
11위	SK텔레콤	26위	셀트리온
12위	인천국제공항공사	27위	삼성SDI
13위	신한은행	28위	풀무원
14위	신한카드	29위	CJ제일제당
15위	KT	30위	인텔코리아

출처: 한국능률협회컨설팅 홈페이지 자료 재구성

국민에게 존경받는 All Star 30대 기업 중 10개 기업(삼성전자, 유한양행, 유한킴벌리, 포스코, 현대자동차, LG전자, 삼성생명보험, 신세계백화점, 이마트, SK텔레콤)은 조사가 제정된 2004년도부터 18년 연속 All Star 기업에 선정되었다. 또한 All Star에 10회 이상 선정된 기업은 모두 22개 기업이다. 이런 조사 결과의 특징을 고려하면 국민에게 존경받는 ESG 기업이 장수한다는 근거자료가 된다.

한국기업지배구조원의 2020년 ESG A+등급을 받고 2021년 한국능률협회컨설팅의 All Star 30대 기업에 모두 선정된 기업은 S-OIL, SK텔레콤, KT이며, 계열사를 포함한다면 두산, 포스코, 신한지주, SK까지도 포함될 수 있다.

정확한 인과관계를 명시하는 것은 닭이 먼저냐, 달걀이 먼저냐의 오류를 범할 수 있다. 그러나 두 가지 모두를 아울러 해석한다면, 국민들이 특정 기업을 존경하기 때문에 해당하는 기업이 그 자리를 지키고자 경영관리에 철저하여 성장하는 것일 수도 있고, 다시 ESG 경영의 선두에서 모범을 보이기 때문에 국민들이 해당 기업을 존경하는 것일 수 있다. 어찌 되었든 고객-기업-고객의 선순환이 장기석인 상생을 이끌어 낸다는 것에는 의심의 여지가 없다.

06. 중국의 ESG 동향

2018년 전 세계 탄소배출량을 조사한 결과 중국은 112억 톤으로 1위를 차지하였다. 그 뒤를 이어 미국이 53억 톤, 인도 26억 톤, 러시아 17억 톤으로 이들 세 나라를 다 합친 것보다 중국의 탄소배출량이 많다.

경제 대국으로 급속도의 성장을 보인 중국은 그만큼 기후 문제의 주범으로 많은 국가로부터 질타를 받고 있었다. 그런 가운데 시진핑 국가주석은 2018년 UN 총회에서 2060년까지 탄소중립 목표를 달성하겠다며 탈탄소 정책을 대외적으로 발표하였다. 약 6% 정도의 재생에너지 사용 비중을 2030년까지 20%, 2050년까지 60%로 올리고, 연간 500조 원 이상의 투자를 바탕으로 환경 문제에 적극적으로 나서겠다는 것이다.

2021년 공산당 창립 100주년을 맞이하여 세 가지 정책 방향을 설정하였는데 그중 하나가 녹색 발전이다. 2030년까지 재생에너지 비중을 20%로 높이겠다는 지난날의 언급을 수정하며, 5년을 앞당겨서 2025년까지 실천하겠다며 구체적인 계획안을 내놓았다.

중국 정부 업무보고에서는 2030년까지 탄소 피크(연간 총 탄소배출량이 특정 기간 동안 최고치에 도달한 후 점진적으로 감소하는 것) 실현을 위한 액션플랜을 제정하고, 산업 및 에너지 구조 최적화, 석탄의 효율적 이용과 신에너지 발전 및 안전이 확보된다는 전제 하에 원전을 적극적으로 발전하겠다고 하였다. 또한 환경보호 및 에너지절약과 관련하여 기업 소득세 혜택 범위를 확대하고 신에너지 연구개발 촉진, 관련 산업 육성 지원한다. 에너지 이용권, 탄소배출권 거래 시장 발전 가속화 및 에너지 소비 이중 통제제도도 보완하며, 그린 저탄소 발전 특별 정책을 실시하여 탄소배출 감축 지원 도구 설치 등의 탄소 피크 및 탄소중립을 위한 구체적인 발전 방향을 제시했다.

중국의 탄소중립은 환경보호, 에너지 독립 실현, 청정에너지와 친환경 그린산업 혁신 및 발전 유도, 지속가능한 경제를 중심으로 발전하고자 한다. 중국 전역의 19개 성(시)에서는 각각의 지역적 특성에 맞게 탄소중립 행동 방안을 발표하였고, 지역 정부는 탄소배출권 거래제도를 통해 2,225개의 전력 회사들에 오염 배출 상한선을 정하고 배출 한도를 초과할 경우 배출량이 적은 회사로부터 할당량을 구입할 수 있게 하였다. 이는 현재 중국 내 전력의 60%가량이 석탄으로 공급되고 있다는 점에 대한 경고와 강력한 대안이 될 수 있다.

우리나라가 K-ESG 지표를 개발하기 위해 정부 차원에서 적극적인 논의를 지속하는 가운데 중국의 CN-ESG 평가 시스템이 주목받고 있다. 중국경제정보원은 핑안 그룹(중국 내 최대 보험사)과 함께 중국형 ESG 지표인 CN-ESG를 발표하였다. CN-ESG는 10가지 이상의 테마, 130개의 지표, 350개의 데이터 포인트, 40개 이상의 산업 리스크 및 기회 매트릭스 지표를 통합한 평가 시스템이다. 아직까지 G(지배구조) 부분에서 여성 임원 할당에 대한 내용이나 S(사회) 부분에서 근로자 근무 여건 개선과 같은 내용에서는 글로벌 ESG 평가 기준에 부합하지 않는 내용이 많아서 중국형 ESG 지표에 대한 논란이 있으나, 일단 지표가 개발된 이후에는 계속해서 수정 보완할 수 있기 때문에 K-ESG를 개발하는 데 많은 참고를 할 수 있을 것이다.

2021년 4월 시진핑 국가주석은 바이든 미국 대통령이 주최한 기후 변화 정상회담에 참석하여 자체적인 행동 계획에 따라 기후 변화 문제에 적극적으로 대응해 나갈 것을 주장했다. 또한 같은 달에 진행되었던 독일과 프랑스 정상과의 화상회의에서도 기후 변화 대응이 인류 공통의 관심사이며 지정학적 협상 카드로 사용하거나, 타국을 공격하는 빌미로 삼거나, 무역 장벽의 명분으로 삼아서는 안 된다며 여러 나라가 세계 수준의 협의체를 두고 가치나 체계, 절차를 준수하고 조율하는 다자주의의 중요성을 강조하였다.

한편 글로벌 ESG 투자 자산 규모는 2014년 20조 달러에서 2030년 130조 달러로 약 6배 이상 성장할 것으로 예상된다. 따라서 ESG의 글로벌 주도권을 쟁탈하기 위한 미국, 중국, EU의 움직임을 눈여겨 볼만하다. 천문학적인 자금이 ESG 투자로 연결되면서 중국도 ESG 전략에 적극적인 행보를 보이면서 또 한 번 ESG 혁명을 이룩하고자 한다.

[표] ESG 글로벌 주도권을 잡기 위한 국가별 투자 수준

구분	중국	미국	유럽(EU)	한국
탄소중립	2060년	2050년	2050년	2050년
연평균 친환경 투자	560조원	187조원	130조원	15조원
ESG 펀드 규모	21조원	200조원	130조원	1.3조원

출처 : 한상범·권세훈·임상균(2021). 글로벌 ESG 동향 및 국가의 전략적 역할, 대외경제정책연구원.

제4장
ESG의 영향

01. MZ세대가 선호하는 ESG 소비

MZ세대는 밀레니얼과 Z세대를 합친 단어이다. 밀레니얼(Millennial) 세대는 1980~2000년생을, Z세대는 1990년대 중반~2000년대 중반에 태어난 세대를 말한다. 이 두 세대는 디지털에 익숙한 젊은 세대라는 공통점을 가지고 있다.

M세대는 유명 연예인으로부터 영향을 받고 가성비를 따지는 평소 소비 패턴을 지니다가 가끔은 과감한 소비를 하기도 한다. 또한 부모님을 권위적으로 생각하는 면이 많다. 반면에 Z세대는 인기 유튜버들로부터 영향을 받고 디자인이나 포장을 따지는 소비 패턴을 보이며 쉽고, 가벼운 소비 스타일을 지니고 있다. 또한 Z세대들은 부모님을 어려워하지 않고 친구처럼 생각하는 경우가 많다.

MZ세대들이 성인이 되어 가면서 젊은 소비층의 중심이 되고, 이들의 소비가 사회 경제에 점차 큰 영향을 미치기 시작했다. 미디어 그룹 블룸버그 L.P.에 따르면 세계 인구의 63.5%가 MZ세대에 해당하고, 세계 경제활동의 44.6%가 MZ세대에 해당한다. 심지어 MZ세대는 더욱 경제활동의 중심축이 되어가면서 앞으로 10~15년 동안 가장 큰 구매력을 가진 세대가 된다. 그렇기 때문에 MZ세대를 중심으로 하는 새로운 소비 패턴의 등장은 공급시장의 변화를 이끌어낼 수밖에 없었다.

MZ세대는 아이러니의 집합체다. 디지털에 능수능란하기 때문에 대부분의 쇼핑을 온라인으로 진행하지만, 오프라인에서 직접 체험하며 제품을 만져보고 느끼는 것도 선호하기 때문이다.

또한 최신 트렌드에 굉장히 민감하게 반응하지만, 그 트렌드가 개인의 취향과 특성에 따라 서로 다른 모습을 보인다는 점도 아이러니하다고 볼 수 있다. 이런 특징 때문에 MZ세대를 겨냥하는 소비는 짧게 지나가는 유행이 아닌, 폭넓은 관점에서의 지속적인 트렌드를 반영해야 한다.

MZ세대의 가치소비를 반영하는 다양한 신조어들 중 하나가 바로 가심비이다. 가심비는 가성비로부터 출발한다. 가성비는 가격 대비 성능의 줄임말로써 소비자가 지급한 가격에 비해 제품의 성능이 얼마나 큰 효용을 주는지에 대한 경제용어이다.

2010년대 소비자들은 저렴한 가격으로 높은 효용을 얻고자 폭넓은 정보력을 바탕으로 꼼꼼히 비교하여 제품을 구매하였다. 그러다가 소비 트렌드의 변화가 일어나면서 가성비에서 가심비로 소비 패턴이 바뀌었다. 가심비는 가격 대비 심리적 만족의 줄임말로써 가성비가 조금 떨어지더라도 나의 심리적 만족감이 높다면 과감히 지갑을 연다는 것이다.

한정판 신발, 명품 가방, 아이돌 굿즈 등 심리적 만족감을 높이기 위한 소비가 등장한 것이다. 이런 소비 패턴은 자기만의 개성을 드러내는 정체성의 표현으로 생각할 수 있다. 미국의 경영 컨설팅 펌 베인앤컴퍼니는 밀레니얼세대의 명품 시장 기여도가 35% 이상이라고 발표하였으며, MZ세대의 명품 시장 기여도는 2025년에 60%를 웃돌 것으로 전망했다. 2020년 국내명품 매출에서 MZ세대의 소비 비중은 50% 전후로 나타났다.

심리적 만족감을 높이는 소비는 여러 가지로 구분해 볼 수 있다. 순수하게 자신의 취미나 즐거움을 위해 합리적인 의사결정을 배제하고 의미에 소비하는 취미 관련 소비가 있다. 주로 아이돌이나 특정 인물, 캐릭터로 만들어진 굿즈가 대표적이다.

스트레스를 단기간에 해소하기 위하여 들어가는 비용에 대해서 아끼지 않고 사용하는 특징도 있다. 예를 들어 평소에는 버스나 지하철을 이용해 회사를 출퇴근 하다가 상사로부터 크게 꾸지람을 들은 날에는 충동적으로 택시를 타는 경우에 해당한다.

한편 사회의 일원으로서 지출을 통해 마음의 위안을 얻고 사회에 공헌한다는 의미에서 위안소비가 있다. 그린피스, 월드비전 등에 후원을 한다거나, 사회에 일부 비용이 공헌되는 제품을 구매한다거나, 일반 제품보다 2~3배 비싸지만 친환경 제품을 구매하는 경우가 이에 해당한다.

프랑스의 광고 회사 크리테오는 MZ세대의 반 이상이 친환경 등 자신의 가치관에 맞는 소비를 한다고 발표하였고, 글로벌 마케팅 리서치 기업 칸타월드패널은 MZ세대의 약 40% 이상이 사회적 이슈에 중요한 역할을 하는 브랜드에 소비한다고 밝혔다. 이처럼 MZ세대와 그를 둘러싼 현대사회의 소비 트렌드, 소비 구조, 소비 신념이 ESG 소비와 긴밀하게 연결된다는 것을 확인할 수 있다.

MZ세대는 초개인주의를 영위하면서도 각자 다른 방식으로 자신의 가치관과 신념을 사회에 소비로서 표현하고 있다. 친환경, 사회적 책임, 투명한 지배구조를 보이는 우수 ESG 기업에는 더 큰 소비를 보이며 그렇지 못한 경우에는 가차 없이 불매운동을 이어간다.

특히 디지털 시대의 주역인 만큼 SNS를 중심으로 미담이나 악행을 주위와 적극적으로 공유하기 때문에 선행 기업에 대해서는 단체로 제품을 주문하여 서버를 마비시키기도 한다.

착한 기업을 돈으로 혼내 주자라는 내용의 줄임말은 돈쭐(돈+혼쭐)은 MZ세대가 얼마나 온라인상에서 긴밀하게 연결되었는지를 잘 보여주는 신조어이다. 바이콧도 이와 같은 선상에서 만들어진 신조어이다. 불매운동을 뜻하는 보이콧(boycott)을 바이콧(buycott)으로 변형한 단어로 적극적인 구매 운동을 뜻한다.

다국적 투자관리회사 블랙록의 래리 핑크 회장은 MZ세대 직원 중 60% 이상이 기업의 주목적을 이윤 창출이 아닌 사회개선으로 인식한다고 언급하였다.

MZ세대의 파급력과 적극적인 ESG 기반의 가치소비를 고려한다면, 기업의 입장에서는 심도 있는 ESG 경영이 얼마나 중요한지 고려해야 할 필요가 있겠다.

02. ESG 미닝아웃

미닝아웃은 의미나 '신념'을 뜻하는 'Meaning'과 '드러내기'를 뜻하는 'Coming Out'의 합성어로, 개인의 취향과 사회 및 정치적 신념에 대해 솔직하고 과감하게 선언하고 표현하는 행위를 말한다.

서울대학교 소비트렌드분석센터에서 선정한 2018소비 트렌드인 미닝아웃은 새로운 소비 패턴을 불러 일으켰다. 가격 대비 성능을 중시하는 가성비가 몇 년 동안 소비시장을 주도해왔는데, 이제는 자신의 신념과 가치에 따라 소비하는 미닝아웃이 새롭게 시장을 주도하기 시작하였다.

국내 한 앱의 MZ세대 미닝아웃 조사에 따르면 자신을 가치소비자로 인식하는 경우가 약 80%로 10명 중 8명은 자신을 가치소비자로 인식한다는 것이다. 또한 ESG 활동 중 가장 관심이 있는 영역은 환경(E)이 65%, 사회(S)가 30%, 지배구조(G)가 5% 정도로 환경적 가치 소비의 비중이 크게 앞섰다.

실천하고 있는 친환경 활동은 리사이클링(재활용), 플라스틱 프리, 제로웨이스트, 업사이클링(업그레이드+리사이클링의 합성어로, 쓸모없어진 물건을 새롭게 디자인하여 재활용 하는 방식), 비건, 플로깅(이삭을 줍는다는 뜻의 스웨덴어 Plocka Upp(Pick Up)과 조깅(Jogging)의 합성어로, 조깅을 하며 쓰레기를 줍는 환경운동) 등 다양하게 나타났다.

친환경 활동과 더불어 친환경 소비도 적극적이다. 환경보호를 위해 친환경 포장을 사용한 상품이나 포장재를 줄인 상품에 관심을 더 많이 보이는데, 가격이 다른 상품에 비해 비싸더라도 자신의 가치를 실현하기 위해 이런 제품을 구매한다.

플라스틱을 줄이거나 플라스틱 대체품을 사용한 화장품 시장, 일회용 컵을 대체하는 텀블러 시장, 재활용한 소재를 활용한 리사이클 시장이 급속도로 성장세를 타는 배경에는 이런 가치소비에 대한 미닝아웃이 자리 잡고 있다.

최근 미닝아웃 소비를 소개할 때 대표적으로 등장하는 예시 중 하나가 바로 무라벨 생수이다. 환경보호를 위해 다양한 기업에서 무(無)라벨 생수를 선보였는데, 롯데칠성음료의 아이시스 ECO는 2020년 1,000만 개 이상이 판매되었고, BGF리테일의 편의점 자체 브랜드 무라벨 생수는 20년 3월 대비 21년 3월 약 80%에 가까운 매출 증가를 보였다. 같은 기간에 전체 생수 매출이 전년 대비 20%가량 오른 것에 비하면 무라벨 생수가 약 4배 가까운 신장률을 보인 것이다.

더욱이 최근에는 포장을 없애거나 줄이는 방식에서 나아가 제품 자체를 친환경에 접목시키는 경우가 발생하고 있는데, 대표적인 것이 바로 대체육이다. 가축을 기르는데 들어가는 곡물과 사육 과정에서 발생하는 많은 양의 이산화탄소를 줄이는 데 친환경이라는 의의가 있으며, 그 외에도 가축 전염병, 기후 변화 문제 등과 아울러 환경 소비에 대한 가치를 실현하기 위해 대체육을 즐기는 MZ세대가 증가한 것이다.

미국의 식물성 대체육 판매는 최근 3년간 매년 평균 31%씩 증가하고 있으며, 경영 컨설팅 회사 A.T. 커니에 따르면 2040년에는 전 세계 육류의 약 60%가 대체육이 차지할 것이라고 분석하였다. 더 이상 대체육 시장은 채식주의자들을 위한 시장이 아니며 환경, 동물복지 등의 미닝아웃 시장에 포함된 것이다. 국내에서는 노브랜드의 대체육 너겟인 노치킨 너겟이 한 달 반 만에 준비된 수량 20만 개를 완판시키면서 또 한 번의 MZ세대의 새로운 소비 패턴을 각인시켰다.

비건 바람은 화장품 시장에서도 뜨거운 관심을 받고 있다. 몇 년 전부터 국내 화장품 시장에는 클린 뷰티가 대두되었는데 이는 유해 성분이 없는 깨끗한 화장품을 의미한다.

인체에 유해한 성분이 없기 때문에 사용감이 조금 떨어질 수 있으나, 동물성 성분을 사용하지 않고 동물 실험을 하지 않는 화장품들이 여기에 해당하기 때문에 MZ세대의 관심과 소비가 크게 증가하였다.

국내 화장품 유통업체인 올리브영은 클린뷰티 화장품 중 특정 유해 성분이 들어가지 않았으며 동물 실험을 하지 않았거나 친환경 패키지를 사용한 화장품에 엠블럼을 부여하였다.

올리브영에 방문한 소비자들은 이 엠블럼을 통해 클린 뷰티 화장품을 손쉽게 구매할 수 있었고, 엠블럼을 받은 클린뷰티 브랜드들은 전년 동기 대비 약 200%에 가까운 매출 성장을 이룩하였다.

MZ세대의 미닝아웃은 주로 가치소비, 친환경, 농어촌 활성화, 동물복지, 공정무역, 나눔 연계, 착한소비, 업사이클링 등과 연계되어 확산되고 있다. MZ세대가 가지고 있는 가치와 신념을 소비로 표현하는 과정에서 가장 접근하기 쉬운 부분이 환경(E) 요소이기 때문이다.

물론 사회(S)나 지배구조(G) 영역에서도 가치 있는 소비를 실천한다. 합리적이고 효율적인 소비, 합법적이고 지속가능한 소비, 로컬 소비, 나눔과 윤리를 지키는 기업에 대한 소비, 불법적인 기업에 대한 불매운동 등이 이에 해당한다.

　MZ세대의 가치소비 비중은 앞으로 더욱 늘어나게 될 것이고, 세대를 아우르는 새로운 소비 트렌드로 명확하게 자리 잡을 것이다. 특히 소비문화와 밀접하게 관련되어 있는 환경적 요소는 앞으로 접목할 부분이 많을뿐더러 더욱 심각하게 고려될 대상이기 때문에 전략적인 시각으로 미닝아웃 소비에 대한 자신의 관점을 점검해 볼 필요가 있다.

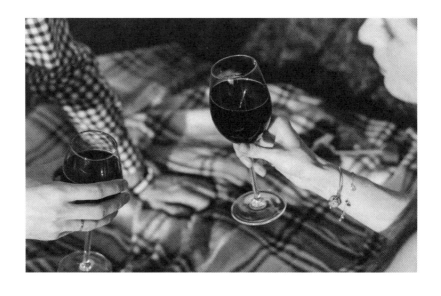

03. 친환경을 고려하는 그린워싱

그린워싱은 그린(Green)과 화이트 워싱(White Washing)의 합성어로 기업이 경제적 이윤을 목적으로 상품이나 용역의 친환경적 속성이나 효능을 허위·과장해 광고·홍보하거나 포장하는 등의 행위를 말한다.

그린워싱의 문제점은 이미 2010년대부터 증가하기 시작하였고, 최근 들어 ESG 경영과 미닝아웃 소비 등 소비의 트렌드와 패턴이 친환경 중심으로 크게 변화하면서 그린워싱의 문제점이 더욱 대두되고 있다.

2010년과 2012년 환경산업기술원에서 실시한 조사에 따르면 친환경 제품 구매 경험은 약 40%에서 56%로 증가하였고, 2020년 한 환경단체의 조사에서도 80% 이상의 국민이 친환경 제품을 구매할 의향이 있다고 내비치는 등 친환경에 대한 관심과 소비 행동이 늘고 있다. 그러면서 동시에 환경 오염을 발생시키거나 실제로 친환경이 아니면서도 친환경 제품인 것처럼 마케팅하는 기업들의 홍보 행태도 크게 증가하였다.

2021년 4월 기준 친환경 마크를 받은 제품만 해도 18,000개가 넘는 것을 생각하면 기업과 소비자의 친환경에 대한 관심이 폭넓게 확산되었음을 알 수 있고, 거기에 따른 부작용도 크게 발생할 수밖에 없다는 것을 이해할 수 있다.

2012년 한국소비자원의 조사에 따르면 녹색 관련 표시 제품의 46%가 허위·과장 광고이거나, 성분·수치에 관한 정보 없이 친환경 관련 표시를 사용한 것으로 나타났다. 또한 마치 인증마크로 오해할 수 있는 비슷한 도안의 마크를 사용하는 등 친환경 제품으로 위장한 사례가 상당히 많았다.

[표] 녹색 표시 그린워싱 모니터링 및 개선

(단위 : 건, %)

	2010년			2012년		
	적합	부적합	소계	적합	부적합	소계
녹색표시	309 (49.8%)	312 (50.2%)	621 (100%)	376 (53.6%)	326 (46.4%)	702 (100%)
인쇄광고	29 (28.2%)	74 (71.8%)	103 (100%)	42 (68.9%)	19 (31.1%)	61 (100%)

출처 : 한국소비자원, 2012

환경부는 2021년 녹색제품 구매지침을 구체적으로 규정하면서 녹색제품에 대한 법률 및 행정 사항을 정립하였다. 공공기관에서는 녹색제품 의무구매제 제도를 이행할 수 있도록 지원체계를 마련하고, 녹색제품을 정확하게 구매할 수 있도록 별도의 사이트를 개설하여 녹색제품에 대한 안내 자료를 배포하고 있다.

녹색제품은 「저탄소녹색성장기본법」에 따른 제품들로 환경표지 제품, 저탄소 제품, 우수 재활용 제품이 대표적이다. 무분별하게 생산되는 유사 친환경 인증마크들 사이에서 다음의 인증마크를 구별하는 것이 녹색제품 구매에 도움이 될 수 있다.

[표] 환경표지 인증, 저탄소 제품 및 우수재활용 인증제도

구분	환경표지제품	우수재활용(GR)제품	저탄소인증제품
근거법	환경기술 및 환경산업 지원법	자원의 절약과 재활용 촉진에 관한 법률	녹색제품 구매촉진에 관한 법률
대상제품 인증현황	사무용기기, 건설용자재, 생활용품 등 169개 제품군	폐지, 폐목재, 폐플라스틱 등 17개 분야	생활용품, 건설용자재 등 52개 제품군
인증현황	4,549개 업체, 18,250개 제품 ('21.04.30. 기준)	211개 업체, 243개 품목 ('21.04.30. 기준)	51개 업체, 156개 제품 ('20.06.30. 기준)
인증기관	한국환경산업기술원	자원순환산업인증원	한국환경산업기술원
홈페이지	el.keiti.re.kr	www.buygr.or.kr	www.epd.or.kr
도안			

출처: 환경부 자료 재구성

2007년 캐나다의 친환경 컨설팅 회사 테라초이스는 '그린워싱이 저지르는 여섯 가지 죄악들'이라는 보고서를 발표하면서 언론의 주목을 받게 된다. 테라초이스는 2010년 1가지를 추가하여 7가지 죄악들을 제시하면서 환경성 조사를 실시하였는데, 환경 주장을 한 1,018개의 제품 중 95%의 제품이 1가지 이상의 죄악을 범한다고 발표하였다.

상충 효과 감추기, 증거 불충분, 애매모호한 주장, 관련성 없는 주장, 유해
상품 정당화, 거짓말, 부적절한 인증라벨이 바로 그 내용이다. 이런 그린워싱
은 기업과 소비자 사이에 정보의 불균형으로부터 초래한다. 기업은 친환경에
대한 정보를 새롭게 조합하고 배열하면서 선택적 제시, 축소, 과장, 은폐를
통해 그린워싱을 하여 경제적 이득이나 기업 이미지 제고 효과를 본다. 따라
서 기업의 투명성, 비재무적 정보, 지속가능성 등에 대한 내용을 공개하고
평가한다는 점에서 ESG 경영과 같은 맥락 안에 있다고 볼 수 있다.

아쉬운 점은 아직까지 그린워싱, ESG 워싱에 대한 치열한 논쟁이나 정확
한 잣대가 부족하다는 점이다. 2021년 환경부는 「환경기술 및 환경산업 지
원법」을 발표하면서 그린워싱 방지를 위해 환경(E) 분야의 평가 지표와 가
이드 라인을 마련한다고 밝혔다. 물론 이 가이드 라인에도 허점이 발생할 수
있으나, 이런 적극적인 방안은 앞으로의 철저한 규제를 위해 필요한 과정이
라고 본다.

[표] 그린워싱이 저지르는 7가지 죄악들

구분	내용	사례
상충효과 감추기 (Hidden Trade Off)	상품의 친환경적인 몇 개의 속성에만 초점을 맞추고 다른 속성이 미치는 전체적인 환경 여파 숨기기	제작환경이 환경에 미치는 영향을 고려하지 않는 재활용 종이
증거 불충분 (No Proof)	라벨 또는 제품 웹사이트에 용이하게 접근할 수 있는 증거를 제시하지 않고 환경적이라고 주장	뒷받침하는 정보나 제3자의 인증도 없이 All Natural이라고 주장하는 샴푸
애매모호한 주장 (Vagueness)	문구가 정확히 무슨 의미인지를 알 수 없을 정도로 광범위한 용어 사용	무독성 Non-toxic이라는 문구가 무슨 뜻인지 알 수 없는 세제

관련성 없는 주장 (Irrelevance)	친환경적인 제품을 찾을 때 기술적으로는 사실이지만 관련성 없는 것을 연결시켜 왜곡	용기가 재활용된다는 표시를 하면서 앞에 Green이라는 용어를 사용해 마치 페인트 내용물이 Green인 것으로 연결시키는 페인트
유해상품 정당화 (Lesser of Two Evils)	전체 범주가 환경적이지는 않지만 다른 제품보다 친환경적인 요소를 적용하여 상품의 본질적인 측면을 덮어버림	유기농 담배, 녹색 해충약
거짓말 (Fibbing)	사실이 아닌 점을 광고하고, 취득하지 못하거나 인증되지 않은 인증마크를 도용	–
허위 라벨 부착 (Worshiping False Labels)	허위인증 라벨 사용을 통하여 실제 존재하지 않는 제3자 검증 또는 인증을 받은 공인된 상품처럼 위장	No BPA(유해물질 없음) 인증마크를 흉내 내 위장

출처: TerraChoice사 자료 재구성

한편 최근 국내 화장품 용기를 둘러싼 뜨거운 논란이 있었다. 화장품을 구매한 한 고객이 화장품을 다 써서 용기를 갈라봤더니 안쪽이 플라스틱으로 이루어져 있었다는 것이다. 이 용기는 겉 라벨에 'I'M PAPER BOTTLE (나 종이 보틀이야)'이라고 쓰여 있다.

해당 회사는 홈페이지와 제품 용기에 종이와 플라스틱을 분리해 버려야 한다고 안내하였으나, 혼란을 야기한 점에 대해서는 사과를 하였다. 온라인에서는 이 용기에 대해 상반되는 의견이 충돌하기도 하였다.

해당 제품은 그린워싱의 대표적인 예이며 전체가 종이로 이루어진 것으로 오해할 소지가 명확하다는 비판적인 의견이 있는가 하면, 기존 제품 대비 비용을 더 들여서 50% 이상의 플라스틱을 절감하고, 해당 플라스틱 용기는 무색의 폴리에틸렌 재질로 재활용률을 높였다는 점에서 완전히 그린워싱이라고 보기는 어렵다는 의견도 있었다. 페이퍼 보틀(paper bottle)이라는 이름을 강조하여 홍보한 점이 소비자들로 하여금 분노를 일으켰으나, 이런 이슈들을 바탕으로 정부의 그린워싱 규제 방안이 세워지고, 기업들도 자체적으로 윤리적인 제품 생산과 홍보를 하는 데 내부 지침을 명확히 세우는데 디딤돌 역할을 할 것이다.

[그림] 논란이 되었던 화장품 용기 (출처: 구글 이미지)

04. 기업의 매출을 높이는 ESG

사람은 혼자서 살아갈 수 없다. 태어나면서부터 가장 작은 사회인 가족에서 시작하여, 친인척, 또래 집단, 학교 교실, 회사의 조직 등 다양한 사회 속에서 살아가게 된다. 또한 성인이 되면 국가 내 사회의 일원으로서 세금을 내며 국가를 지탱하고 국가의 부흥과 개인의 발전을 위해 맡은 바에 최선을 다하면서 살아가게 된다.

ESG 경영은 기업과 투자적 관점에서 더 많이 이야기되는 주제이지만, 결국에 경영을 위해서는 경영자가 필요하고, 투자를 위해서는 투자자가 필요하기 때문에 개인의 삶과 떼어놓고 말할 수 없는 개념이다.

ESG 경영이 대두된 이유는 개인으로서 살아가는데 사회문제를 직접적으로 맞닥뜨리기 때문이다. 환경 오염, 일자리 부족, 양극화 등의 사회문제는 정부 차원에서의 규제로는 도무지 해결하기 힘든 내용들인데, 개인이 발 벗고 나서서 깊이 있게 관심을 줄 때 비로소 해결할 수 있게 된다.

기업의 사회적 공헌은 기업 차원에서 이미지 제고라는 가장 큰 이점을 얻게 되지만, 기업의 구성원은 사회적 공헌에 참여하면서 봉사하게 된 경험을 통해 삶의 가치를 얻을 수 있다. 수혜자의 경우에는 실질적인 도움을 받게 되며, 관련이 없는 일반인도 이러한 이슈를 바탕으로 개인이 할 수 있는 공헌을 시도하기도 한다.

올바른 ESG 경영을 통해 기업이 투자를 받아 더욱 성장하게 되면 결국 소비자에게 그 수혜가 돌아가게 된다. 또한 소비자는 그런 이점을 긍정적으로 받아들이며 해당 기업에 더욱 가치 있는 소비를 하게 되는 선순환 구조가 만들어지게 된다.

이미 기업은 저비용 고효율의 불변하지 않는 생산법칙을 탈피하기 시작하였다. 비용이 조금 들더라도 ESG 요소들을 고려한 제품을 생산하기 시작하였고, 이에 발맞춰 소비자들은 개인의 가치와 신념에 따라 가성비에서 가심비, 더 나아가 나심비(자신의 심리적 만족과 행복 및 가치 실현을 위해서라면 고가의 제품에도 돈을 아끼지 않는 소비)를 바탕으로 한 소비 방식을 보인다.

한 예로 기업이 ESG 경영을 위해 애써 노력하게 되면, 환경이 좋아져서 미세먼지가 개선되고, 결국 미세먼지를 막기 위해 구매하던 마스크 소비 비용이 사라지게 된다. 또 다른 예로 기업이 ESG 사회적 책임을 실현하기 위해 건강한 고용과 근로복지 혜택을 실천하여 근로자들의 안위를 높여준다면, 결국 근로자들은 내부고객으로써 자사 제품을 더 많이 구매하고, 주변에 홍보하는 효과를 얻을 수 있다.

자신과 전혀 관련이 없는 기업이라도, ESG 경영을 잘하는 기업에는 개인 투자자로써 투자를 진행할 수 있고, ESG 경영을 못 하는 기업에 대해서는 투자를 하지 않는 것도 개인이 삶에서 ESG를 실천하는 방식이 된다. 또한 가정에서 절전형 어댑터를 사용하여 전력 소비를 줄이고, 평소에 텀블러를 들고 다니면서 일회용 컵 사용량을 줄이는 작은 일들도 모두 셀프 ESG 경영에 해당한다고 볼 수 있다. 현재는 MZ세대를 중심으로 셀프 ESG 경영이 시작되었으나, 앞으로는 전 세대에 걸쳐 행동하여 사회 공동체가 한마음으로 움직일 필요가 있다.

05. 코로나 이후의 ESG

    2019년 11월 중국에서 최초 보고된 코로나19는 2021년 1월 전 세계 누적 확진자 1억 명을 돌파하였고 2021년 8월 2억 명을 돌파하였다. 이로 인해 2020년 3월 세계보건기구(WHO)는 코로나19에 대한 팬데믹을 선언하였다.

    팬데믹은 전염병이 세계적으로 대유행하는 상황을 일컫는 말로 전염병 경고단계 중 최고 위험등급을 말한다. 백신이 개발되고 전 세계로 보급화 됨에도 불구하고 종식 기한을 특정하기는 어려운 가운데, 위드 코로나(코로나와 함께) 시대를 견뎌내기 위한 기업의 노력과 포스트 코로나(코로나 이후) 시대를 맞이하기 위한 기업의 전략이 매우 중요한 시기이다.

    코로나19로 인해 중소기업들이 직격탄을 맞으면서 사회 경제적 활동을 멈추었지만, 반대로 대기업들은 자본력을 바탕으로 멈춰있는 사회를 위해 공헌활동을 확장하기도 하였다. 코로나19로 인해 환경경영의 중요성을 다시 한 번 깨달았고, 직원 복지를 위해 재택근무, 유연근무제, 탄력근무제, 백신 휴가 등을 새롭게 규정하였다.

    코로나19로 인해 많은 어려움이 발생했지만, 역설적으로 ESG 경영의 중요성이 대두되었다. 코로나19는 지금까지 경험하지 못한 전 세계적인 변화를 불러일으켰는데 코로나19의 직간접적 원인이 되는 환경에 대한 부분은 말할 것도 없다.

기업이 얼마나 환경경영, 녹색경영을 실천하고 있으며, 그로 인해 사회적 공헌의 비중이 얼마나 되고, 내부적으로는 투명한 지배구조와 조직문화를 가지고 있는가를 아울러 확인하는 시간이 된 것이다. 이로 인해 많은 기업들이 ESG 지표에 대해 좋은 평가를 받기 위해 새로운 경영환경을 준비하고 도전적으로 추진하기 시작한 것이다.

2021년 서울 버스의 광고판에는 ESG의 중요성을 알리는 책의 홍보가 실려 있고, 지하철이나 빌딩 옥상 간판에서도 ESG와 관련된 홍보 광고를 찾아볼 수 있다. ESG는 이미 오래전부터 언급이 되어 왔으나, 일반인들에게까지도 스며들기 시작한 것이다.

그도 그럴 것이 ESG의 많은 부분이 환경적 요인으로 구성되어 있는데 코로나19로 인해 자연환경에 대한 전 세계적인 사고의 변화가 일어나면서 환경 오염의 주범으로 꼽히는 기업의 산업 활동으로 자연스럽게 연결된 것이다. 이에 각 회사에서는 ESG에 대한 TF(태스크 포스; 일시적으로 구성된 조직)가 만들어지는가 하면, 내부 보고서를 제작하여 전사 직원들에게 공유하기도 한다.

코로나19로 어렵지 않은 사람이 없다. 이런 상황에서 특정 기업이 ESG 경영을 통해 사회에 옳은 일을 했다고 간주하게 되면, 일반 사람들뿐만 아니라 글로벌 투자자들도 차후 전폭적인 지원을 가하게 된다.

이는 기업의 또 다른 성장의 기회이자 비즈니스가 되기 때문에 경제적 관점에서도 기업은 지금 이 시기에 많은 기업이 본격적으로 ESG 경영을 준비하고 시작하게 된 것이다.

2020년 1월 세계 최대 자산운용사 블랙록의 래리 핑크 회장은 "ESG를 고려하는 방식이 향후 블랙록의 가장 핵심적인 투자 모델이 될 것"이라고 언급하면서 "기후 변화를 고려해 투자 포트폴리오를 변경하겠다."라고 밝혔다. 또한 래리 핑크 회장은 "1970년대와 1980년대 초의 인플레이션 급등, 1997년의 아시아 통화위기, 닷컴 버블, 그리고 글로벌 금융위기 등 다수의 위기와 난제들을 경험했으나 본질적으로 기후 변화는 다르다. 따라서 기업, 투자자, 정부는 기후 변화에 대하여 상당 규모의 자본 재분배에 반드시 준비해야 한다."라고 밝혔다.

블랙록은 석탄 연료를 사용해 얻은 매출이 25%가 넘는 기업의 채권과 주식을 처분하겠다고 엄포를 놓았다. 그리고 앞으로 지속가능한 투자를 하겠다는 블랙록은 점차 석탄 연료를 사용한 매출의 %를 줄여가면서 기업들을 압박할 것이다.

블랙록의 운용자산 규모는 2020년 4분기 기준 약 9,500조 원이다. 국내의 대기업이나 공사에도 블랙록이 대주주로 투자한 곳이 많기 때문에 우리나라 기업들의 변화는 당연한 수순이라고 볼 수 있다.

2021년 상반기에 ESG 관련 위원회를 만든 기업이 60여 곳이 넘는다. 또한 같은 시기 민간 기업이 발행한 ESG 채권 발행액은 9조300억 원이며, 지난해 전체 발행액의 2배를 훌쩍 뛰어넘는 수준이다.

기업이 ESG 채권을 발행하게 되면 친환경 기업이라는 인식도 갖게 되고, 투자 수요도 크게 확대되었기 때문에 안정적으로 ESG 경영활동에 참여하는 것으로 평가되어 좋은 ESG 등급을 받는데 일조할 수 있다.

결국 2000년대부터 차분하게 준비되어온 CSR(기업의 사회적 책임), ESG(환경, 사회, 지배구조의 비재무적 요인), SDGs(지속가능발전목표)에 대한 정책과 움직임들이, 코로나19라는 촉발요인(trigger factor)을 만나 사회적, 경제적으로 큰 관심을 받게 된 것이다.

ESG는 단순한 유행이 아닌 2050 탄소중립 전략과 같은 글로벌 국가 간의 전반적인 혁신적 전환과 함께 장기적인 목표로 자리매김 한 것이다.

코로나 팬데믹 이후 ESG에 대한 강력한 경영전략이 시작될 것이고, 글로벌 투자 자금이 ESG로 몰리면서 새로운 경제 변화를 이끌어 올 것이다. 또한 미래전략이나 과학의 발달 양상이 바뀌게 되며 국민들의 사소한 일상생활 하나하나에 까지도 ESG가 영향을 줄 것이다.

제5장
심각한 지구온난화

01. 지구온난화의 정의

　지구온난화는 좁은 의미로는 인간 활동으로 인해 19세기 말부터 지구의 평균기온이 상승하는 현상을 말하며, 넓은 의미로는 장기간에 걸쳐 전 지구의 평균 지표면 기온이 상승하는 것을 의미한다. 지구온난화의 지속에 따라 기후 시스템을 이루는 모든 구성 요소들은 장기적으로 변화하게 되며, 결과적으로 인간과 생태계에 심각하고 광범위하며 돌이킬 수 없는 영향을 미칠 것으로 추정된다.

[그림] 지구의 기후

　1850년은 산업화가 시작된 해이면서, 처음으로 지표 기온 관측이 광범위하게 시작되어 기온 측정의 지표로 사용할 수 있다. 1850년 이후 지구의 평균 지표 기온은 꾸준히 상승해 왔으며 2017년 말에는 산업혁명 이전 대비 1℃ 이상 상승했다 특히 1900년 이후에 그 상승세가 두드러지며, 일정 기간 온난화 경향이 가속화되기도 하였지만, 일정 기간 상승세가 멈추는 지구온난화 휴식기가 나타나기도 하였다.

이후에도 꾸준히 지구온난화가 진행되면서 기후 변화의 심각성이 예고되자 1988년 11월 기후 변화와 관련된 전 지구적 위험을 평가하고 국제적 대책을 마련하기 위해 세계기상기구(WMO)와 유엔환경계획(UNEP)이 공동으로 기후 변화에 관한 정부 간 협의체(IPCC; Intergovernmental Panel on Climate Change)를 설립하였다.

2014년 이후 온난화가 다시 가속화되고 있으며, 2016년과 2017년은 각각 관측 역사상 지구 평균 지표 기온이 가장 높았던 해와 세 번째로 높았던 해로 기록되었다.

2007년 2월 프랑스 파리에서 개최된 기후 변화에 관한 정부 간 협의체(IPCC)회의에서 발표된 4차 특별보고서는 금세기 안에 지구 표면 온도가 섭씨 1.8~4.0℃ 상승할 것으로 예상하고 더욱 심각한 폭우, 가뭄, 폭염, 해수면 상승 등이 이어질 것이라고 경고하였다.

2013년 9월 27일 스웨덴의 수도 스톡홀름에서 열린 기후 변화에 관한 정부 간 협의체(IPCC)회의 5차 보고서에서는 온실 기체 감축을 위한 노력을 하지 않고 현재와 같이 지속적으로 배출한다면 2100년에 이르러 전 지구 평균 지표 기온이 산업혁명 전 대비 약 4℃에서 5℃ 정도 증가할 것이라고 경고하였다.

지구온난화로 인한 문제의 심각성이 높아지자 이에 대한 문제의식을 공유하기 위하여 2015년 12월 12일 파리에서 제21차 유엔 기후 변화협약 당사국 총회(COP21)를 열고 96개국 4만 명 모여 2100년까지 전 지구 평균 지표 기온 상승을 산업혁명 전 대비 1.5℃ 이하로 낮추기 위한 기후협약을 체결하였다.

02. 지구온난화의 원인

　지구의 기후를 변화시키는 원인으로는 자연적 요인과 인위적 요인으로 나눌 수 있다. 기후 변화의 자연적 요인은 태양활동의 변화, 태양-지구 사이의 상대적인 천문학적 위치변화, 화산 폭발에 의한 성층권 에어로졸 증가 등을 들 수 있으며, 인위적 요인은 인간 활동에 의한 온실기체 증가와 SOx 및 NOx 계열 에어로졸 증가, 그리고 토지 이용의 변화 등을 들 수 있다.

　지구의 대기는 일반적으로 복사강제력이 커지면서 지구 평균 지표 기온이 상승하며, 복사강제력이 작아지면 지표 기온이 하강하게 된다.

　기후 변화에 관한 정부 간 협의체(IPCC) 5차 평가 보고서에 의하면 산업혁명 이후 전 지구 평균 지표 기온 상승에 자연적 요인인 자연 강제력 및 자연적 내부 변동성은 거의 기여하지 않았으며, 인위적 온실기체 증가가 이 지표 기온 상승에 주요 원인임을 알 수 있다

　산업혁명이 시작되던 시기에 대기 중 이산화탄소 농도는 280ppm이었으나 이후 기하급수적으로 증가하여 2017년 12월에는 약 405ppm에 이르렀다. 이처럼 지구상에 이산화탄소의 양이 증가함에 따라 지구 온도가 높아지는 것을 확인할 수 있기 때문에 지구온난화의 원인을 이산화탄소를 포함하는 온실기체가 증가하기 때문인 것으로 평가된다. 지금까지 연구된 결과로는 지구온난화에 이산화탄소가 약 60%를 기여했으며, 메탄, 대류권 오존, 아산화질소가 각각 15%, 8%, 5%를 차지한 것으로 평가된다. 만약 앞으로 이산화탄소배출 규제가 없을 경우 2050년에는 약 450ppm을 넘어설 것으로 추정되어 더욱 심각한 온난화가 예측되고 있다.

03. 지구온난화의 영향

인위적 온실가스 증가에 의한 지구온난화는 단순히 전 지구 평균 지표 기온의 상승에만 국한된 문제가 아니라 해수면 상승, 해양 산성화, 물순환 변화, 대기 오염, 이상기온, 태풍과 강우량, 생태계 다양성 훼손 등의 심각한 문제를 일으키고 있다.

지구온난화로 인하여 2013년까지 해수면은 산업혁명 전 대비 19cm 증가한 것으로 나타났다. 만약 앞으로 전 지구 평균 지표 기온이 2℃ 이상 상승한다면 전지구 해수면 온도는 해수의 열팽창 및 대륙에 있는 빙하를 녹여 해수면이 1m에서 4m까지 상승할 가능성이 있다. 해수면이 상승하면 당장 섬으로 구성된 나라의 영토가 많이 잠기게 되어 몇몇 섬나라는 지구온난화가 50년 이상 지속될 경우 나라의 존속을 걱정해야 할 상황이다.

지구온난화는 기상과 관련된 모든 것이 영향을 받는다고 생각하면 된다. 단순하게 폭염과 집중호우로 인한 홍수와 산사태, 가뭄 등으로 인한 산불과 사막화, 북극권 제트기류의 약화로 인한 극심한 한파와 폭설, 세력이 강해진 열대 저기압 등 다양한 기상 변화와 그로부터 비롯한 재난들의 발생일시와 크기를 예측하기 어려워지고 그 빈도가 높아지게 된다. 이미 현재로서도 기후 관련 재난이 속출하고 있지만 앞으로는 배의 배를 능가할 정도로 빈번해져서 사람이 살기조차도 어려울 정도로 심각해진다는 것이 문제다.

육상 생태계도 지구온난화의 영향을 받고 있다. 봄철이 빨리 시작되면서 식물과 동물들의 서식지가 북쪽과 고도가 높은 곳으로 이동되고 있다. 이와 더불어 많은 생물 종들이 멸종되며 생태계 다양화가 줄어들고 있다.

04. 지구온난화의 해결 방안

지구온난화를 해결하는 가장 좋은 해결책은 화석 연료 사용을 최대한 억제하여 이산화탄소배출을 줄이는 것이다.

첫째, 에너지와 자원 절약의 실천이다. 가정 및 직장에서의 냉·난방 에너지 및 전력의 절약, 수돗물 절약, 공회전자제, 대중교통 이용, 카풀제 활용, 차량 10부제 동참 등이 대표적인 방법이다. 이러한 노력이 약간의 불편을 초래하는 측면은 있으나, 사회 전체적으로는 에너지 소비 및 온실가스 배출량을 감축시킴으로써 국가 부의 증대에 기여한다.

둘째, 환경친화적 상품으로의 소비양식 전환이다. 동일한 기능을 가진 상품이라면 환경 오염 부하가 적은 상품, 예를 들면 에너지 효율이 높거나 폐기물 발생이 적은 상품을 선택하는 것이 최선의 방법이다. 이러한 소비 패턴이 정착될 경우 생산자도 제품 생산 시 소비성향을 고려하게 되므로, 장기적으로는 경제구조 자체가 환경친화적으로 바뀌게 된다. 고효율등급의 제품 및 환경마크 부착제품을 구입한다.

셋째, 폐기물 재활용의 실천이다. 온실가스 중의 하나인 메탄은 주로 폐기물 매립 처리 과정에서 발생하며 재활용이 촉진되면 매립지로 반입되는 폐기물량이 감소하므로 메탄 발생량도 따라서 감소한다. 또한 폐기물 발생량이 감소하면 소각량이 감소하여 소각과정에서 발생하는 이산화탄소배출량도 감소한다. 폐지 재활용은 산림자원 훼손의 둔화를 통해 온실가스 감축에 기여한다.

넷째, 나무를 심고 가꾸기를 생활화한다. 나무는 이산화탄소의 좋은 흡수원이다. 예를 들어, 북유럽과 같이 산림이 우거진 국가는 흡수량이 많아 온실가스 감축에 큰 부담을 느끼지 않는 것이 좋은 예인 것이다.

05. 기상 이변의 정의와 원인

최근 인류 역사상 보기 힘든 유례없는 극단적인 기상 이변으로 인해 지구 전체가 심각한 자연재해를 당하고 있다. 기상 이변은 평상시 기후의 수준을 크게 벗어난 기상 현상을 의미하며, 기후는 보통 30년을 기준으로 삼는다.

세계기상기구(WMO)에서는 기상 이변을 기온과 강수량을 대상으로 정량적 통계분석에 의한 이상기상의 발생 수와 변화를 취급하는 경우에는 월평균기온이나 월 강수량이 30년에 1회 정도의 확률로 발생하는 기상 현상이라고 정의하였다.

기상 이변의 원인으로는 지구온난화, 엘니뇨, 라니냐 등을 꼽고 있다. 엘니뇨는 남미 연안의 태평양 해수면 온도가 평소에 비해 섭씨 +0.5℃ 이상 상승하는 상태로 5개월 이내의 기간 동안 지속되는 현상을 가리킨다. 반대로 라니냐는 남미 연안의 태평양 해수면 온도가 평소에 비해 섭씨 -0.5℃ 이상 낮아지는 상태로 5개월 이내의 기간 동안 지속되는 현상을 가리킨다.

엘니뇨와 라니냐는 수년에 한 번씩 찾아오는 현상일 뿐이기 때문에, 지금처럼 기상 이변이 자주 발생하게 하는 것을 설명하기 어렵기 때문에 지금의 기상 이변은 주범은 지구온난화라고 할 수 있다. 기상 이변으로 인해 생긴 현상은 홍수, 가뭄, 폭염, 폭우, 우박, 폭설, 해수면 상승, 빙하 유실, 폭풍과 허리케인 같은 광풍 등 극단적인 기후 현상이 다양한 형태로 나타나고 있다.

06. 기상 이변으로 인한 빙하 유실

빙하 유실은 기온이 상승하면 빙하가 녹는 현상을 말한다. 빙하 표면이 열에 의해서 녹으면 얼음 속에 있던 그을음이나 먼지 등 어두운 부분들이 노출되면서, 빙하는 햇빛을 많이 흡수하게 되고 더 빨리 얼음이 녹는다.

프랑스 툴루즈 대학의 국제 연구팀은 미국 항공우주국(NASA)의 인공 위성 테라의 사진 등을 이용해 2000~2019년 빙하가 녹는 정도를 분석한 결과를 네이처지에 실었다. 연구팀은 컴퓨터를 이용해 위성사진을 토대로 전 세계 21만7천175곳의 빙하의 높이, 부피, 질량 등의 변화를 분석한 결과 21세기 들어 매년 약 2,700억 톤의 빙하가 녹아 물이 된 것으로 나타났다. 빙하가 녹는 이유는 지구온난화로 인해 대기가 더워지는 데다 강설량 또한 줄고 있기 때문인 것으로 나타났다.

빙하가 녹으면 나타나는 문제점은 다음과 같다.

1) 해수면 상승

빙하가 녹아 물이 된 양은 20세기 동안 평균 해수면은 20㎝ 정도 상승했으며, 전 세계 해수면 상승의 5분의 1을 차지한다. 영국 잉글랜드 지역을 매년 2m 높이로 채울 수 있는 양에 해당한다. 더 큰 문제는 빙하가 녹는 속도는 시간이 빨라진다는 것이다.

앞으로 수온이 섭씨 1℃만 올라가도 지구의 해수면은 40㎝ 높아진다. 전 세계 인구의 약 40%가 해안에서 100㎞ 이내의 거리에 살고 있는데, 해수면 상승은 이들에게 곧바로 영향을 미친다. 예를 들면, 상당한 면적의 땅이 바다에 잠기고 지하수에 바닷물이 섞여든다.

해수면이 상승하게 되어 몰디브, 투발루, 키리바시 등과 같은 섬나라들은 이미 수몰 위기에 처해있다. 1만 명이 살고 있는 투발루는 국토 상당 부분이 물에 잠겨 50년 안에 지도에서 사라지게 된다. 10만 명이 사는 33개의 섬나라 키리바시 역시 지난 1999년 2개의 섬은 이미 물에 잠겼다.

최근 인도네시아도 해수면의 상승으로 수도를 자카르타에서 다른 곳으로 옮길 계획을 하고 있다. 인도네시아는 1만7천 개의 섬으로 이뤄져 있는데, 지구온난화에 따른 해수면 상승과 지반 침하로 2100년경이면 해안 도시 대부분이 물에 잠길 것으로 예측된다. 특히 자카르타는 해마다 평균 7.5㎝씩 지반이 내려앉아 이미 도시 면적의 40%가 해수면보다 낮아진 상태다. 이대로 가다가는 자카르타뿐 아니라, 해안 지역에 있는 대도시들에서는 지하수에 바닷물이 스며들어 식수와 농업용수 위기도 닥칠 것이다.

2) 역전순환류(AMOC) 기능 상실

빙하가 녹으면 열대의 따뜻한 해류를 북대서양으로 이동시키는 대서양 자오선 역전순환류(AMOC) 기능도 거의 기능을 상실할 위험에 처하게 된다. 지금까지 대서양 자오선 역전순환류(AMOC)은 북쪽에서 내려오는 무거운 한류가 심해로 가라앉으면서 바다에 용해된 이산화탄소를 함께 심해로 가두어 대기 중 이산화탄소를 제거하여 기후 온난화의 속도를 늦출 수 있었다. 그러나 빙하가 녹으면서 대량의 한류가 내려오기 때문에 대서양 자오선 역전순환류(AMOC) 기능이 더 이상 유지하기 힘들어지게 된다.

대서양 자오선 역전순환류(AMOC) 기능이 멈추면 유럽과 북미 지역에 극심한 한파가 찾아오고, 반대로 미국 동해안을 따라 해수면을 상승시켜 전 세계에 물을 공급하는 몬순(계절성 강우) 주기를 교란할 수 있다.

3) 해류 순환에 영향

빙하가 녹으면 해류 순환에도 영향을 미친다. 적도 부근의 따뜻한 물은 해류를 통해 북반부로 이동하고 또다시 적도로 내려오는데, 이를 통해 북반구는 더 차가워지지 않게, 적도는 더 뜨거워지지 않게 작용해왔다.

해류 순환은 바닷물 속 염분의 밀도 차이를 통해 가능했는데, 빙하는 염분이 없는 담수로 이뤄져 있기 때문에 녹은 빙하에서 유입된 담수가 북대서양의 염도를 희석시켜 밀도를 떨어뜨리게 한다. 녹은 얼음물이 바닷물과 섞일수록 결국 해류의 순환을 느리게 해 문제가 커지게 된다.

실제로 지구온난화 영향 때문에 20세기 중반 이후 대서양 해류 순환 속도가 15% 정도 느려졌으며, 느려진 해류는 바닷물의 온도에 영향을 줘 해수 온도가 높아지는 엘니뇨나 해수 온도가 낮아지는 라니냐 발생에 영향을 줘 슈퍼 태풍이나 폭염, 한파를 더 많이 발생시킬 수 있다.

4) 바이러스의 출현

　빙하가 녹으면 빙하 속에 잠들어 있던 각종 바이러스들도 나타날 수 있다. 실제로 지난 2016년에는 러시아 서시베리아 지역의 영구 동토층이 녹으면서 3만 년 전 잠들어 있던 탄저균이 깨어나 인근 순록 2,300여 마리가 떼죽음을 당한 적이 있다.

5) 지각 구조의 변화

녹아내린 빙하는 지각 구조의 변화를 일으켜 지진이나 화산 폭발 가능성
도 높인다는 연구 결과도 있다.

6) 북극곰과 펭귄의 멸종

빙하가 사라지면 북극곰과 펭귄들에게는 거주지가 사라져 빙하와 같이 사
라지기 쉬워 멸종될 위험에 놓이게 된다.

07. 기상 이변으로 인한 폭염

　폭염(暴炎)이란 평년보다 기온이 매우 높아 더위가 심해서 일상생활에 지장을 줄 정도가 되는 상태이다. 정도가 더 심하면 자연재해가 된다. 2003년 유럽에 닥친 폭염 때문에 많은 사망자가 나와 지구촌을 충격에 빠뜨렸다. 당시 섭씨 44도의 기록적인 폭염을 겪은 프랑스에서는 1만5천 명의 사망자가 발생했고, 유럽 전역에서 3만여 명이 사망했다. 2010년에 러시아에서는 5만 6천 명이, 2015년에 인도와 파키스탄에서는 수천 명이 폭염으로 사망한 것으로 알려졌다.

　2021년 북아메리카 서부 폭염은 2021년 6월부터 태평양 북서부와 캐나다 서부, 특히 미국의 네바다주 서부, 북부 캘리포니아, 오리건주, 워싱턴주, 아이다호주와 캐나다 브리티시컬럼비아주를 중심으로, 6월 말부터는 캐나다 앨버타주, 서스캐처원주, 유콘 준주, 노스웨스트 준주에서 지속되었다.

　폭염의 원인은 북아메리카 서부 중심부에 자리 잡은 기압 마루, 즉 고기압 열돔 때문에 발생했다. 열돔 때문에 캐나다는 6월 29일 49.6℃를 기록하는 등 역사상 최고 온도 기록을 경신하였고, 그 외에도 북아메리카 서부 지역에서 역사상 최고 온도 기록을 경신하였다, 체감온도는 60℃까지 올라갔다. 벽돌로 지은 집과 아파트들은 도시 곳곳에서 오븐처럼 데워져 자연발화가 일어났다. 캘리포니아에서는 산불까지 발생하였다.

　같은 시기인 6월 23일 모스크바는 34.8℃를 기록, 북극과 가까운 상트페테르부르크는 35℃ 이상의 역대급 고온을 기록했다. 또한 7월 1일에는 이라크 바그다드에서 50℃, 이라크 남동부 바스라(Basrah)에서 52℃를 기록했다.

이 폭염으로 인해 캐나다 브리티시 컬럼비아주에서만 사망자가 최소 486명, 미국 오리건주에서는 사망자가 최소 63명, 워싱턴주에서는 최소 13명이 사망한 것으로 집계되었다.

폭염 희생자라고 하면 뜨거운 고온이나 직사광선에 노출되어 열사병, 일사병 때문에 죽은 사람만 떠올리기 쉽다. 그러나 폭염은 뇌졸중, 심혈관질환 등을 악화시켜 사망자를 늘린다. 또한, 폭염 때문에 전기 공급, 교통, 의료, 구호 시스템이 마비되면서 예기치 않는 사고를 당하거나 질병이 악화하여 사망하는 때도 많다. 폭염 뿐만 아니라 각종 기후 재난은 수많은 사람을 죽음으로 몰아넣을 수 있다.

한국도 2020년 8월 평균 한낮 기온이 30도를 넘는 국토 면적이 최근 9년 새 2배 이상 커지고, 무더위가 도래하는 시점도 앞당겨졌다는 분석이 나왔다. 한국 인구의 절반 이상이 고온 지역에 살고 있는 것으로 나타났다. 이로 인해 온열질환에 대한 우려도 커졌다. 국민건강보험공단 자료에 따르면 30도 이상 고온 지역이 전 국토의 4%였던 2014년의 온열질환자는 1만8004명이었으나, 고온 면적이 46%로 늘어난 2018년에는 4만4094명으로 2.5배 가까이 증가했다.

08. 기상 이변으로 인한 태풍

태풍은 파랑, 해일, 수해, 풍해를 몰고 오는 강력한 열대 저기압을 말한다. 뜨거운 여름 적도 근처의 바다가 뜨거운 태양 빛을 받게 되면 그 지역에 강한 상승기류가 생기고 그 지역의 공기가 위로 올라가서 공기가 적어져 강한 저기압이 생긴다.

이때 저기압은 상승기류를 만들고 상승한 공기는 상층으로 올라가 팽창하게 된다. 그러면서 온도가 낮아져 수증기가 응결되어 구름이 만들어지고 날씨 또한 흐려지게 만든다. 이러한 저기압이 열대 지방에서 생길 경우 열대 저기압이 되는데, 이것이 태풍으로 발전하게 된다.

점점 태풍이 잦아지며 강해지는 이유는 지구온난화 때문이다. 일반적으로 태풍이 생기려면 26~27℃ 이상의 수온과 고온 다습한 공기가 필요한데, 온난화로 인하여 지구의 해수면의 온도가 0.8℃ 상승하여 북태평양 바닷물의 온도가 29℃에 육박할 정도로 높아지고, 고온의 바닷물에서 나오는 수증기를 에너지원으로 삼는 태풍이 더욱 자주 발생하게 되기 때문이다.

중국은 2019년 8월 13일 9호 태풍 레끼마의 영향으로 태풍 영향권에 가장 가까운 다롄(大連) 일부 지역에는 엄청난 바람과 300㎜가 넘는 폭우가 내렸다. 이로 인하여 중국 9개 성에서 49명이 숨지고, 21명이 실종됐으며, 이재민 897만 명이 발생한 것으로 집계됐다. 그리고 가옥 5,300채가 붕괴했으며, 4만2천 가구가 수해 피해를 보았다. 농경지도 53만1천㏊가 물에 잠기는 재산 피해도 입었다.

바로 이어 2019년 9월 8일 제13호 태풍 링링이 중국 전역을 강타했다. 링링은 역대 5위급 수준으로 강풍을 동반한 폭우를 쏟아냈다. 링링으로 인한 피해는 45만5000명이 피해를 입었다. 특히 지린, 헤이룽장, 저장성에서 2800여 명의 주민이 집을 버리고 대피하는 고통을 겪었으며, 총 44채의 가옥이 무너졌고, 460여 채가 파손됐다. 농경지는 21만5800㏊가 피해를 입었다. 피해 규모로 환산하면 9억3000만 위안(약 1558억 원)에 이르는 것으로 추산됐다.

09. 기상 이변으로 인한 폭우

폭우는 짧은 시간 동안 좁은 지역에서 줄기차게 내리는 큰 비를 말하며, 집중호우라고 한다. 게릴라성 호우는 본래 일본 기상청에서 사용한 표현으로, 예측하기 어려운 짧은 시간에 많은 비를 뿌리고 사라지는 형태의 호우를 말한다.

폭우는 강한 상승기류의 적란운이 원인으로 발생하기도 한다. 적란운은 수증기가 많은 곳에서 발생한다. 그런데 수증기를 내포한 공기는 산악 지형에서 상승하는 일이 잦기 때문에 산악 지형에 가까운 곳에 위치한 도시에 집중호우가 발생하고 있다. 한국, 중국 등 아시아 대륙 동안에서는 주로 북태평양 기단과 열대성 저기압이 북상하는 6~9월에 집중호우의 위험이 높다. 드물지만 5월이나 10월에 내리는 경우도 있다.

2021년 29일 기상청에서 발표한 '2020년 이상기후 보고서'를 보면 2020년이 세계적으로 역대 가장 따뜻한 해로 기록됐고 국내 기온변동도 심했다. 6월에는 이른 폭염이 닥쳐 평균기온과 폭염일수 모두 역대 1위였다.

역대 최장 장마(중부 54일, 제주 49일)가 7월부터 8월 초순까지 이어졌고, 8~9월에는 4개의 태풍이 상륙해 수해를 키웠다. 10월에는 강수량·강수일수가 역대 하위 2위를 기록할 만큼 가물었다. 11월 중순에는 전국 일평균 기온이 상위 1위인 날이 사흘 동안 계속됐다.

기록적인 장마와 폭우로 한반도 전역에서 크고 작은 피해가 속출하고 있다. 긴 장마와 폭우로 인한 재산피해는 1조2585억 원에 달했고, 46명이 목숨을 잃었다. 이는 다른 해에 비해 3배가 넘는다. 그리고 산사태가 6,175건

(면적 1343㏊)이 발생해 1976년 이후 역대 3번째로 많았다. 침수·낙과 피해 면적은 12만3930㏊에 이르렀다. 7개 태풍이 상륙했던 2019년(7만4165㏊)보다 70%가 더 넓어졌다.

전문가들은 기후 위기의 영향으로 이번 장마와 폭우처럼 예측하기 어려운 기상 이변 현상이 빈번해질 것이라고 예상하였다.

10. 기상 이변으로 인한 전염병

전염병학, 차단방역 및 공중보건 전문가들의 견해에 따르면, 기후 변화로 인해 산불, 가뭄, 수몰 등 극단적인 기상 현상이 빈번하게 발생할 수 있으며, 서식지를 잃은 야생동물이 사람이 거주하는 지역이나 목축지로 이동하게 되어 사람들이 바이러스에 감염될 가능성이 더 높아졌다고 한다.

실제로 뇌염의 신종 바이러스인 니파바이러스(Nipah virus)는 1998~1999년 말레이시아에서 발생하여 100여 명의 사망자를 냈다. 말레이시아 병리 학회 간행물에 소개된 연구 결과는 니파바이러스의 숙주로 알려진 과일박쥐가 산불과 엘니뇨로 인한 가뭄으로 서식지에서 쫓겨나게 되자, 먹이를 찾으러 사람이 사는 곳으로 내려와 양돈 농장에 드나들면서 돼지가 박쥐의 바이러스에 감염되었고, 이후 사람들에게까지 전파되었다.

스위스 온라인 학술지 출판연구소(MSOI; Multidisciplinary Digital Publishing Institute)에서 발행하는 온라인 수의학 저널(Veterinary Science)을 보면 지난 80년간 유행한 전염병들을 분석한 결과 대부분이 인수공통감염병(동물과 사람이 함께 감염되는 병)에 해당하며, 그중 약 70%는 야생동물에 의한 것이었다. 예를 들어 80년대에 유행한 에이즈 바이러스는 유인원이, 2004~2007년에 발생한 조류인플루엔자는 새가, 2009년에 발생한 신종플루는 돼지에 의해 사람에게 전염되어 세계를 감염에 대한 공포에 떨게 하였던 것이다.

뎅기열은 주로 열대 지방과 아열대 지방에 서식하는 뎅기 모기가 낮 동안
에 바이러스를 가진 사람을 물었다가 다시 다른 사람을 물어 바이러스를 전
파하여 발생한다. 뎅기열의 증상은 3~14일의 잠복기를 거친 후 발열, 발진,
두통, 근육통, 관절통, 식욕 부진 등이 나타난다. 전 세계 뎅기열이 창궐하는
지역에 거주하는 인구가 40억 명에 이른다. 뎅기 모기는 원래 더운 지역에서
만 사는 데 지구온난화로 인해 더운 지역이 증가하여 모기의 서식지가 확대
되면서 바이러스도 전 세계로 확산되었다.

 2020년부터 본격적으로 시작된 코로나19의 팬데믹 상황도 결국은 인류의
자연 파괴와 이로 인해 발생한 기후 변화와 밀접한 관련이 있다. 실제로 21
세기에 들어서 잦아지고 있는 신종 바이러스의 출현은 인간의 무차별적 환경
파괴로 동물 서식지가 감소하고 이에 바이러스를 보유한 동물이 인간과 자주
접촉한 결과 때문이라는 지적이 높은데, 이에 따라 코로나19 이후 환경과
공존하는 인류의 삶에 대한 관심이 더욱 높아지고 있다.

11. 화석 연료의 미래

화석 연료(化石燃料)란 석탄·석유·천연가스와 같이 고생물의 유해가 지하에 매장되어 생성된 자원들의 통칭. 화석에너지라고도 한다. 과거 지질시대에 지각(地殼)에 묻혔던 동식물의 유해들이 지하에서 오랜 세월에 걸쳐 변화된 물질들을 가리키며, 석탄·석유·천연가스가 대표적인 예이다.

1) 석탄

역사적으로 산업혁명이 시작되면서 석탄이 중요한 에너지 자원으로 이용되면서 화석 연료의 사용이 세계적으로 증가하기 시작하였다. 석탄은 석유에 비해 매장량도 많고 비교적 넓은 지역들에 걸쳐 분포되어 있다. 석유에 비해 값이 싼 편이고, 이로 인해 난방, 공업원료 및 동력자원 등으로 폭넓게 이용되고 있다. 그러나 대기 오염물질을 많이 배출하여 환경 오염의 주요 요인이 되기도 한다.

2) 석유

20세기 이후에는 석유가 석탄보다 중요한 자원으로 대두되었고, 이후 천연가스까지 그 사용량이 크게 증가하면서, 화석 연료는 현재까지 인류가 이용하고 있는 가장 중요한 에너지 자원이 되었다.

석유는 자동차나 항공기, 선박 등 운송 수단의 동력원이 될 뿐 아니라, 화력발전 및 석유화학공업, 각종 공업 등의 원료가 되기 때문이다. 특히 석유는 그 매장된 장소의 분포가 일부 지역에 편중되어 있어서 이들 석유 자원을 둘러싼 각국의 경제적·정치적 이해관계가 복잡하고 민감하다. 그러나 석유도 대기 오염물질을 많이 배출하여 환경 오염의 주요 요인이 되고 있다. 석유 자원의 사용량이 폭발적으로 증가함에 따라 머지않아 고갈될 것으로 예상되고 있다.

3) 천연가스

천연가스는 주로 석유가 채취되는 유전에서 석유와 함께 얻을 수 있는 자원으로, 탄화수소로 이루어진 기체 상태의 가스를 가리킨다. 초기에는 주목받지 못하였으나 냉동 액화 기술의 발달로 운반이 쉬워지면서 세계적으로 수요가 급증하였다.

석탄·석유에 비해 대기 오염물질이 적어 현대에 들어와 가정용 난방 연료로 많이 쓰이며, 발전용 및 산업용으로도 많이 사용된다. 최근에는 기존의 천연가스와 다른 새로운 형태의 셰일가스 채취가 이루어지면서 천연가스 사용이 더욱 확대되고 있다.

화석 연료는 현재 세계를 움직이는 가장 중요한 자원이지만, 근래에 들어이들로 인한 환경 오염이 세계적으로 문제가 되고 있다. 석탄과 석유는 연소 과정에서 이산화황(SO_2), 일산화탄소(CO), 질소산화물 등의 오염물질들을 다량 배출함으로써 지구온난화를 일으키는 온실가스가 되었다.

따라서 오늘날 기후 변화에 대한 대책으로 화석 연료 사용을 어떻게 줄인 것인가와 화석 연료를 대체할 수 있는 신재생에너지의 개발과 활용이 세계적인 화두가 되고 있다. 원자력 발전이 화석 연료를 대체할 수 있는 대안으로 많은 나라들이 도입하였지만, 사고에 대한 위험과 폐기물 처리 등의 문제들로 원자력 발전을 폐기하거나 증설하는데 신중을 기하고 있다.

화석 연료를 대체하는 가장 좋은 방법은 태양광, 태양열, 바이오, 풍력, 수력 등이 있고, 신에너지에는 연료전지, 수소에너지 등의 신재생에너지의 개발과 활용이라고 할 수 있다. 신재생에너지의 사용이야말로 오염물질 배출이 적고, 지속가능한 에너지로 주목받고 있다.

제6장
기후 위기를 대처하는 세계의 움직임

01. 미국 온실가스 감축 방안

2021년 4월 40개국 정상들이 참여한 화상 기후 변화 정상회의에서 조 바이든 미국 대통령은 미국의 온실가스 배출량을 2030년까지 50% 감축하겠다고 언급하였다. 오바마 전 대통령 당시에는 2030년까지 25%가량 감축하겠다고 하였는데, 그에 비하면 거의 두 배 수준의 목표치를 과감하게 제시한 것이다.

정치적인 관점에서는 과감한 친환경 목표를 제시하여 다른 나라보다 친환경, 탄소중립에서 선도적인 역할을 하며 글로벌 기후 변화에 있어 큰 영향력을 행사하고자 하는 이면이 있다. 그러나 결국에는 모든 나라들이 따라가야 하는 길목이기 때문에 각국도 온실가스 배출 감축에 긍정적으로 협력하고자 하는 의사를 표시하고 있다.

중국의 시진핑 주석도 2060년까지 탄소중립을 이루겠다며 자신의 공약을 재확인하였으며, 인류의 공통 과제에 적극적으로 동참하는 모습을 보였다. 캐나다의 경우에는 2030년까지 36%를 감축하겠다고 새로운 목표를 제시했으며 종전 목표치였던 30% 감축을 갱신하였다.

이런 발표에 박차를 가하기 위한 미국 내 기업들의 행동도 눈길을 사로잡고 있다. 구글, 애플, MS, 월마트, 페이스북, 코카콜라, 마르스, 다논, 네슬레, 타겟, 이케아, 나이키, 마스터카드 등 310여 개의 기업이 조 바이든 대통령 앞으로 공개서한을 보내면서 2030년까지 50% 감축은 실현 가능한 목표라고 하였으며, 대통령이 온실가스 감축을 인류가 직면한 가장 큰 문제라고 한 데 동의하였다. 그러면서 기업들은 이것이 평등을 실현하고 일자리를 창출하며 지속가능한 경제를 구축하는 특별한 기회라는 것을 알고 있다면서 정부의 그린 정책에 적극 동참하겠다는 의지를 밝혔다.

기후 행동 추적 분석기관(CAT)에 따르면 바이든 대통령의 감축목표 상향 조정에 따라 미국의 온실가스 배출량이 연간 20억 톤가량 감축될 것으로 예상하였다. 2005년부터 2019년까지 온실가스 배출량이 약 12% 정도를 감축한 것에 비교하면 상당히 도전적인 추진과제라고 볼 수 있다. 특히 산업부문의 온실가스 배출 비율이 다른 국가보다 적은 편이기 때문에 국민들의 생활에너지나 가정 부문에서의 에너지효율 향상이 이루어질 수 있도록 광범위하면서도 체계적인 계획이 필요하다. 난방 시스템의 전력화, 배기가스 저감, 메탄 배출 단속의 강화, 수소 기술 혁신 등을 달성하기 위해 기존의 정책을 크게 변화시키고 국민들의 자발적 참여를 이끌어내야 하는 숙제를 가지고 있다.

미국 내 그린뉴딜을 성공적으로 수행하기 위해 거대한 자금 투자를 진행하면서도 저개발 국가들의 온실가스 감축과 기후 변화 적응을 돕기 위해 기후 공공자금 지원이나 국제 원조를 현재보다 2~3배 이상으로 확대하기 위한 법을 제정하고자 노력하고 있다. 환경 부문의 정책은 즉각적으로 탄소배출량 등을 확인할 수 있기 때문에 미국의 과감한 그린뉴딜 정책 발표만큼 얼마나 결실을 맺을 수 있는지 추이를 지켜볼 필요가 있겠다.

02. 중국의 탄소중립

　시진핑 중국 국가주석이 2020년 9월 UN 총회 연설에서 2060년까지 탄소중립을 달성하겠다고 발표하였다. 선진국들의 2050년 탄소중립 목표에 비하면 10년이나 늦은 시기이나, 현재 온실가스 배출 1위 국가이며 2위인 미국에 비해 약 2배가량 더 많은 온실가스를 배출하고 있다는 점을 생각한다면, 다른 선진국들보다 훨씬 빠른 속도로 탄소배출을 감축해야 하는 도전적인 목표를 세웠다고 볼 수 있다.

　중국은 '중국 저탄소발전전략 및 전환 방법 연구 보고서'를 통해 탄소중립 실행 로드맵을 제시하였다. 이 보고서에 따르면 파리기후협정의 목표인 21세기 말까지 지구 평균기온 상승폭을 1.5℃까지 제한한다는 것에 맞춰 시나리오를 구성하여 목표치를 제시하였고, 여러 단계별 감축 세부 목표를 구성하여 현실적으로 실현 가능한 내용을 싣고자 하였다.

　중국의 허젠쿤 연구위원장은 "유럽과 미국은 탄소중립 달성 과도기가 50~70년이지만 중국은 30년에 불과하다."며 "탄소중립 2060을 달성하기 위해서는 선진국보다 온실가스 배출 감축 강도를 높여야 한다."고 밝혔다. 2025년까지 비화석에너지 비중을 20%까지 늘리고, CO_2를 105억 톤 이하로 배출해야 2060년까지 탄소중립을 달성할 수 있을 것으로 보면서, 이 또한 시급하면서도 어려운 도전과제임을 확인하였다.

(단위: 억tCO$_2$)

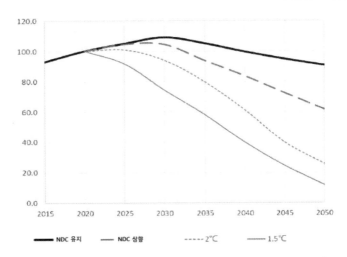

[그림] 시나리오별 CO2 배출량 분석 (출처: 에너지경제연구원, 2020)

특히 산업 중심의 탄소배출 환경으로 기후 대응을 위한 석탄 의존도를 낮추는 것이 핵심이다. 중국은 석탄을 통해 전체 전력의 65%를 생산하고 있으며 이는 전 세계 석탄 소비의 절반 이상을 차지하는 양이다. 석탄 의존도를 벗어나기 위해 재생에너지, 청정에너지 등에 적극적인 투자를 보이고 있다. 또한 일부 지역에서 탄소배출권 거래제를 시범 운영하기 시작하였으며, 2025년까지 국가 차원에서 탄소배출권 거래제를 실시하고자 한다.

[표] 중국의 그린뉴딜 정책 중점 추진 분야

분야	내용
도시재생 및 스마트시티	• 2014년부터 중앙정부 주도로 스마트 시티 구축 사업 추진 • 광대역통신망, 정보화, 인프라 스마트화, 공공서비스 간 편화 추진 • 추후 스마트그리드, 지능형 교통관리, 치안관리 투자

재생에너지	• 미국에 비해 풍력 발전용량이 2배 이상 많으며, 보조금을 점진적 폐지하여 과잉 설비 문제를 해소하고 경쟁 입찰 도입 예정 • 전 세계 태양광 발전 설비 1/3을 보유하고 있으며, 총 발전 설비용량 중 10%가량 차지하므로 2030년 재생에너지 비율 20% 설정 • 재생에너지의 도시지역 소비 확대를 위한 특고압 송전설비 구축 투자
친환경 자동차	• 세계 최대 전기자동차 생산 및 소비국으로 성장 잠재력 보유 • 2025년까지 전기차 신차 판매를 25%로 설정하고 보조금 및 세금 혜택 • 2030년까지 수소차 100만 대와 충전소 1,000대 확대 목표

출처: KOTRA, 2021 자료 재구성

중국, 미국, EU를 둘러싸고 친환경에 대한 글로벌 영향력을 과시하기 위해 선진국들의 치열한 경쟁이 예상된다. 중국 정부는 세계 1위 탄소배출국이라는 오명을 씻어내기 위해 과감한 도전과 추진력을 발휘하고, 막대한 투자금을 지원하여 지금 당장 탄소중립을 위한 노력을 시작해야 한다. 이에 시진핑 국가주석은 "중국은 전 세계 국가들과의 조화로운 발전을 추구한다."며 선진국들의 적극적인 협력을 요구하기도 하였다.

[그림] G20 정상회의에서 2060년 탄소중립을 발표하는 시진핑 국가주석

03. 한국의 기후 위기 극복

2020년 평화와 번영을 위한 제주포럼에서 반기문 국가기후환경회의 위원장은 "기후 위기가 코로나19보다 더 심각한 문제"라고 언급하며, 기후 위기는 인간의 삶과 연관된 실존적 문제이고 팬데믹 근저에는 인간에 의한 생태계 파괴가 있다는 데 주목해야 한다고 주장하였다.

2021년 그린피스가 세계경제전문가 100인을 대상으로 실시한 설문조사 결과 세계가 당면한 가장 큰 위기는 기후 위기로 확인되었다. 응답자 가운데 93%가 기후 위기를 가장 큰 위기로 꼽았다. 2016년 세계은행은 기후 변화를 방치할 경우 2050년까지 약 18경 5천조 원의 경제적 손실이 발생할 것이라고 전망하였다. 이는 곧 인류 생존에 대한 위협으로도 볼 수 있다는 시선이 많다. 다행히 21세기에 들어서서 기후 변화에 대한 위기의식을 충분히 깨달았으며 현재는 위기를 극복하기 위해 전 세계가 한마음으로 적극적인 대처를 한다는 점이다.

유엔 재난위험경감사무국(UNDRR)은 2000년부터 2019년까지 20년 동안 전 세계에 7,348건의 자연재해가 발생하여 123만 명이 사망하고 3,400조 원가량의 재산피해가 발생했다고 보고하였다. 이는 1980년부터 1999년까지 앞선 20년에 비해 상당히 증가하였음을 볼 수 있는데, 그 주요 원인으로 기후 변화를 꼽았다. 특히 지구의 평균기온이 산업화 이전 대비 1℃ 이상 증가함에 따른 폭염, 가뭄, 홍수, 혹한, 태풍, 산불 등 더 많은 자연재해를 불러일으킴을 확인할 수 있다.

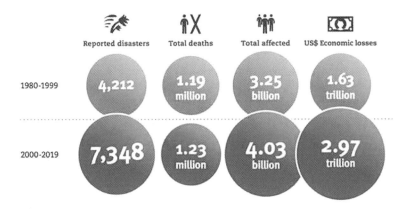

[그림] 세계 재해와 피해 (출처: UNDRR, 2020)

기후 위기의 극복은 국가 수준에서 또는 개인 수준만으로는 절대 달성할
수가 없다. 전 세계 각국의 모든 정부와 모든 사회 구성원들이 적극적으로
협력해야만 기후 위기를 극복할 수 있다. 기후 변화센터에 따르면 지금 당장
온실가스 배출을 중단하더라도 산업혁명 이전 수준으로 돌아가기 위해서는
적게는 100년에서 많게는 300년이 걸린다. 이는 당장에 인류가 모든 활동을
멈추더라도 지구온난화는 계속 진행된다는 것이며, 그만큼 환경생태의 위기
가 심각한 수준에 있음을 느낄 수 있다. 파리기후협정에 따라 모든 국가가
2030년까지 온실가스 감축 계획을 100% 이행하여도 실제 온실가스 배출량
은 거의 변화가 없을 것으로 추측하기도 한다.

글로벌 수준에서는 세계기상기구(WMO), 유엔환경계획(UNEP)의 기후
변화에 관한 정부 간 패널(IPCC), 유엔환경개발회의(UNCED)의 기후 변
화협약(UNFCCC) 등 계속되는 회의, 협약, 체결, 추진, 제도화하고 있다.
그러나 당장에 국민들의 생활 속 환경 지킴은 잘 이루어지고 있지 않다. 여름

철 실내온도를 26~28℃로 유지한다든가, 가까운 거리는 걷거나 자전거를 이용한다든가, 승용차 요일제에 참여한다든가 등 이미 널리 알려진 환경 실천 행동들도 실제로 이행하는 사람은 많지 않다.

전 세계는 국가 수준에서 다양한 제도와 로드맵을 구성하여 거시적인 관점에서 기후 위기를 극복하기 위한 적극적인 움직임을 시작하였다. 이제 국민 한명 한명이 미시적인 관점에서 작은 생활 습관부터 기후를 생각하는 움직임을 보여줄 때이다. 다음은 기후 변화센터에서 제시하는 기후 위기 동참 생활 실천의 주요 내용이다.

CO_2를 줄이는 생활의 지혜의 주요 내용

- 실내온도를 적정하게 유지 : 여름철 26~28℃, 겨울철 20℃, 겨울에는 내복 입기
- 대중교통 이용하기 : 버스(B), 지하철(M), 걷기(W) 운동, 카풀, 경차 이용, 승용차 요일제
- 플러그 OFF : TV, 컴퓨터, 전등 절전 사용, 고효율 조명등 사용, 플러그는 뽑아놓기
- 올바른 운전 습관 : 에코 드라이빙, 경제속도로 운전, 공회전 줄이기
- 재활용 실천 : 텀블러, 머그컵 사용, 분리수거 철저, 리필제품 구매, 장바구니 생활화
- 친환경 제품 : 환경마크 제품 구입, 에너지 소비효율 높은 제품 사용, 재활용 제품 애용
- 물 아껴 쓰기 : 절수형 샤워기 및 양변기 설치, 물 받아쓰기, 세탁 모아 하기
- 나무 심기 : 식목일에 나무 심기에 동참하기

04. 환경산업의 경제적 규모

OECD는 환경산업을 환경평가, 규제준수, 오염제어, 폐기물 관리, 오염복원, 환경 자원의 제공·배급 등과 관련된 모든 종류의 수입 창출 활동으로 정의하였다. 대기, 물, 토양, 폐기물, 소음, 생태계 등과 관련된 환경피해를 측정, 예방, 제어, 최소화, 보정하기 위한 제품과 서비스를 생산하는 활동으로 환경 위해를 저감하고 오염 및 자원 사용을 최소화하는 청정 기술·제품·서비스를 포함한다.

미국 환경 전문 컨설팅 업체 EBI는 환경산업을 크게 환경 서비스, 환경 장비, 환경 자원의 3가지로 구분한다. 이를 바탕으로 표준산업분류의 체계에 따라 환경 테스트, 분석 서비스, 폐수처리, 고형폐기물관리, 유해 폐기물 관리, 복원·산업 서비스, 환경 컨설팅·엔지니어링, 수장비·화학제품, 장비·정보 시스템, 대기 오염제어 장비, 폐기물 관리 장비, 공정·방지 기술, 수자원, 자원회수, 청정에너지·시스템 등 총 14개 부문으로 세부 분류하고 있다.

세계 환경산업 시장 규모는 2006년부터 2016년까지 연평균 3.63%의 증가율을 보였으며 2016년부터 2020년까지는 3.67%씩 증가율을 보였다. 2016년 1조 1,564억 달러에 달했던 환경산업 시장 규모는 2020년 1조 3,358억 달러에 이르면서 근 4년 만에 약 1,794억 달러, 즉 210조 이상 증가하였다. 2017년 세계 반도체 시장 규모가 4,000억 달러임을 고려한다면 엄청나게 큰 규모임을 확인할 수 있다.

선진국의 경우에는 연 2% 전후로 성장하지만 신규 환경 인프라 수요가 높은 아시아, 아프리카, 중남미 등 신흥국가들은 연 10% 내외로 높은 성장 추세를 보이고 있다. 우리나라도 2000년 이후로 환경에 대한 투자 및 기술 산업 수요가 급증하면서 연평균 약 10% 이상의 급성장을 기록하였다. 분야 별로는 물산업이 36%, 폐기물 산업이 24%, 에너지 21%이며, 이러한 세 가지 산업 카테고리(80% 이상)를 중심으로 새로운 환경산업이 주도되고 있다.

[그림] 2020년 세계 환경시장 규모 (출처: 대한상공회의소, 2019)

환경산업은 다른 산업과 달리 공공재적 특성이 강하고 정부 정책이나 시장 규모 및 기술 개발에 미치는 영향이 크다. 또한 물리, 화학, 생물학과 같은 기초과학부터 기계, 전기, 토목 등 응용과학까지 동원되는 종합적인 기술 중 시형 복합 산업이다. 그렇다 보니 4차 산업 혁명을 맞으며 미래 기술력이 대폭 증가되는 현재 상황에서 환경산업은 환경 친화 제품 생산, 기후 변화 대응에 따른 신재생에너지 개발 등 저탄소 녹색 성장의 비전과 함께 더욱 성장추세에 있다.

2017년 세계경제포럼(WEF)은 '지구를 위한 4차 산업혁명'협의체를 발족하였고 4차 산업혁명 등 신기술이 환경 문제 해결과 환경산업에 크게 기여할 것으로 전망하였다.

[표] 지구를 위한 4차 산업혁명 기술

기술	활용	기술	활용
신소재(나노물질)	오염 저감	인공지능	정보분석처리
빅데이터	정보예측	로봇	노동력 대체
드론	정보 수집, 환경 감시	블록체인	정보공유
바이오기술	오염저감	3D프린팅	자원 절감
3D시뮬레이션	자원절감	사물인터넷	정보수집

출처: 대한상공회의소, 2019 자료 재구성

환경산업시장은 4차 산업혁명과 함께 계속해서 급성장할 것으로 예상하고 있다. 수질정화의 오염물질을 걸러내는 필터를 그래핀(물 분자보다 큰 소금과 오염물질을 걸러낼 수 있는 필터를 2017년 맨체스터 대학 연구진이 개발)으로 활용하여 물 부족 국가에 기여할 것으로 기대하고 있으며, 초소형 나노로봇이 산업 폐수의 중금속과 오염물질을 제거하는 기술이 상용화되고 있다. AI로봇이 재활용을 분류하고, 빅데이터로 대기 농도 변화를 예측하여 불법 배출사업장을 단속하는 데 적극 활용하기 시작했다.

글로벌 시장조사 기관 골드스타인 리서치는 재활용 분야 로봇시장은 연평균 16% 이상 성장하여 2024년에는 15조 원으로 확대될 것이라고 발표하였다. 한편 국내 환경산업은 2019년 기준 101조 원으로 2004년에 비해 약 5배가량 증가하였다. 그럼에도 세계 환경시장 점유율이 낮은 수준이었는데, 한국판 뉴딜 정책과 4차 산업혁명기술의 융합을 통해 획기적인 도약을 기대해 볼 수 있다.

05. 탄소중립

탄소중립은 이산화탄소를 배출한 만큼 이산화탄소를 흡수하는 대책을 세워 이산화탄소의 실질적인 배출량을 '0'으로 만드는 것을 말한다. 즉 기업이나 개인이 배출한 이산화탄소배출량만큼 이산화탄소 흡수량도 늘려 실질적으로 이산화탄소배출량을 0으로 만들어 이산화탄소 총량을 중립 상태로 만든다는 의미다.

지구온난화로 폭염, 폭설, 태풍, 산불 등 이상기후 현상이 세계 곳곳에서 나타남에 따라 국제사회는 기후 변화 문제의 심각성을 인식하고 이를 해결하기 위해 선진국에 의무를 부여하는 '교토의정서'를 채택(1997년)하였다. 교토의정서는 지구온난화의 규제 및 방지를 위한 국제 협약인 기후 변화협약의 수정안이다. 이 의정서를 인준한 국가는 이산화탄소를 포함한 여섯 종류의 온실가스의 배출을 감축하며 배출량을 줄이지 않는 국가에 대해서는 비관세 장벽을 적용하게 도록 하였다.

탄소중립이라는 용어는 2006년 「옥스퍼드 사전(New Oxford American Dictionary)」이 올해의 단어로 선정되었다.

2016년 발효된 파리협정은 산업화 이전 대비 지구 평균 온도 상승을 2℃보다 훨씬 아래(well below)로 유지하고, 나아가 1.5℃로 억제하기 위해 모든 나라는 노력해야 한다는 것이었다. 이를 위하여 121개 국가들이 모여 '2050 탄소중립 목표 기후동맹'에 가입함으로써 탄소중립 선언을 가속화 하며, 이행에 대한 준비에 박차를 가했다. 2019년 12월 유럽연합을 시작으로 중국(2020년 9월 22일), 일본(2020년 10월 26일), 한국(2020년 10월 28일) 등의 탄소중립 선언을 하였다.

탄소중립을 실행하는 방법에는 세 가지가 있다.

첫째는 이산화탄소배출량에 상응하는 만큼의 숲을 조성하여 산소를 공급하는 방법이다. 이 방법의 원리는 숲을 조성하기 위해서 배출한 이산화탄소의 양을 계산하고 탄소의 양만큼 나무를 심는 것이다.

둘째는 화석 연료를 대체할 수 있는 무공해 에너지인 태양열·풍력에너지 등 재생에너지 분야에 투자하는 방법이다. 이 방법의 원리는 풍력·태양력 발전과 같은 청정에너지 분야에 투자해 오염을 상쇄하는 것이다.

셋째는 이산화탄소배출량에 상응하는 탄소배출권을 구매하는 방법이다. 탄소배출권(이산화탄소 등을 배출할 수 있는 권리)이란 이산화탄소배출량을 돈으로 환산하여 시장에서 거래할 수 있도록 한 것인데, 탄소배출권을 구매하기 위해 지불한 돈은 삼림을 조성하는 등 이산화탄소 흡수량을 늘리는 데에 사용된다.

비전	"적응적(Adaptive) 감축"에서 "능동적(Proactive) 대응"으로 : 탄소중립·경제성장·삶의 질 향상 동시 달성

3+1 전략 추진

3대 정책 방향	적응 경제구조의 저탄소화	기회 新유망 저탄소산업 생태계 조성	공정 탄소중립 사회로의 공정전환
10대 과제	① 에너지 전환 가속화 ② 고탄소 산업구조 혁신 ③ 미래모빌리티로 전환 ④ 도시·국토 저탄소화	① 新유망 산업 육성 ② 혁신 생태계 저변 구축 ③ 순환경제 활성화	① 취약 산업·계층 보호 ② 지역중심의 탄소중립 실현 ③ 탄소중립 사회에 대한 국민인식 제고

➕

탄소중립 제도적 기반강화	▪ 재정 ▪ 녹색금융 ▪ R&D ▪ 국제 협력 ⇒ 탄소가격 시그널 강화 + 탄소중립 분야 투자 확대 기반 구축

추진 체계	[조직] 2050 탄소중립위원회 + 2050 탄소중립위원회 사무처 [운용] 사회적 합의 도출 + 전략적 우선순위 설정 ⇒ 단계적 성과 확산

[그림] 한국의 탄소 중립 정책

한국의 산업자원부에서는 2008년 2월 18일부터 대한상공회의소, 에너지 관리공단, 환경재단 등 21개 기관과 공동으로 개최하는 제3차 기후 변화 주간에 탄소중립 개념을 도입해 이산화탄소를 상쇄하고자 하는 노력을 시작하였다.

2020년 7월 7일에는 국내 지자체의 의지를 결집해 탄소중립 노력을 확산하기 위한 탄소중립 지방정부 실천연대가 발족되었다.

한국 정부는 2020년 12월 7일 '경제구조의 저탄소화', '신유망 저탄소 산업 생태계 조성', '탄소중립 사회로의 공정 전환' 등 3대 정책 방향에 '탄소중립 제도적 기반 강화'를 더한 3+1 전략으로 구성되어 있는 '2050 탄소중립 추진전략'을 발표했다. 그리고 3대 정책 방향에 따른 10대 과제로는 '에너지 전환 가속화', '고탄소 산업구조 혁신', '미래 모빌리티로 전환', '도시·국토 저탄소화', '신유망산업 육성', '혁신 생태계 저변 구축', '순환 경제 활성화', '취약 산업·계층 보호', '지역 중심의 탄소중립 실현', '탄소중립 사회에 대한 국민인식 제고' 등을 제시하였다.

06. 탄소세 부과

탄소세란 이산화탄소배출량을 돈으로 환산하여 시장에서 거래할 수 있도록 한 것을 말한다. 탄소세는 이산화탄소배출량을 줄이기 위한 목적으로, 화석 연료를 사용하는 경우 연료에 함유되어 있는 탄소 함유량에 비례하여 세를 부과하는 제도로 선진국을 중심으로 시행되고 있는 제도다. 즉, 탄소세란 일종의 종량세로서 탄소배출량에 따라 세를 부과하는 것으로 이는 에너지사용에 따라 불가피하게 배출되는 이산화탄소의 배출을 억제하는 데 그 목적이 있다.

탄소세는 탄소배출 규제가 약한 국가에서 규제가 강한 국가로 상품 및 서비스를 수출할 때 적용받는 무역 관세의 일종으로 국가를 넘어 무역 환경에도 영향을 주며 자국 외의 국가에서도 탄소배출을 줄이는 효과를 기대하는 제도다.

탄소세 부과는 탄소배출자로 하여금 배출로 인한 부담을 줄이기 위해서 자체적으로 탄소배출을 줄이게 하는 효과를 가져올 수 있다. 탄소배출을 줄이지 못하게 되면 사용량만큼 탄소세를 부과하게 되고, 탄소세는 대기 오염을 줄이거나 제거하는 데 사용하기 때문에 결과적으로 탄소배출을 줄이는데 효과가 있다.

전 세계에서 탄소세를 가장 먼저 도입한 핀란드는 1990년에 연소 시 발생하는 탄소배출량을 측정하는 방식으로 시행하였다, 2019년 1월에는 측정 방식을 변경하여 원료 채취부터 제조, 수송, 사용, 폐기까지 전 과정을 아우르는 연료의 라이프 사이클에 대한 배출량을 포함해 계산하도록 하였다. 현재

이에 따른 급격한 탄소세 인상을 방지하기 위해 탄소세율을 일부 인하하고 배출권 무료 할당 정책을 시행 중이다.

1991년 탄소세를 도입한 스웨덴은 세율이 가장 높은 나라로 당시 법인세를 대폭 삭감하고 저소득층과 중산층의 소득세를 감면했으며 덴마크 역시 1992년 탄소세를 도입하며 기존의 에너지세를 인하하고 소득세·법인세·판매세 등을 감면했다. 이외에도 네덜란드, 노르웨이, 일본, 싱가포르 등 25개 국가에서 탄소세를 도입하여 시행하고 있다.

대부분의 나라들은 국가경쟁력을 감안하여 제조업에 대해서는 탄소세를 면제하거나 낮은 세율을 적용하고 있다. 예를 들어 노르웨이는 연료에 따라 탄소세를 차등 부과하고 있다. 그러나 제조업체들이 많이 사용하는 연료인 석탄과 코크스에 대해서는 낮은 세율이 부과되고 있어 다른 나라와 마찬가지로 제조업에 대해서는 특혜를 주고 있다. 특히 시멘트 생산과 연안어업을 위해 사용된 연료에 대해서는 탄소세 전액을, 제지산업에 사용된 연료에 대해서는 탄소세의 50%를 면제해 주고 있다. 중국은 베이징 등 7개 대도시가 2013년 시범사업으로 시작한 탄소거래제도는 2017년 전국으로 확대됐다.

현재까지의 선진국의 연구 결과에 따르면, 2000년까지 1990년 수준으로 이산화탄소배출을 동결시키고, 2020년까지 20%를 추가적으로 감축시키기 위해 약 탄소 환산 톤당 200~300달러의 탄소세 부과가 필요한 것으로 추정되고 있다. 이 경우 세계 경제에는 약 2~3%의 GDP 감소가 초래될 것으로 추정되고 있으며 선진국과 비교하여 에너지 다소비 업종의 비중이 높고, 에너지 효율이 상대적으로 낮은 경우의 나라들은 그 영향이 더욱 클 것으로 예상된다.

탄소세를 부과한 나라들을 분석해보면 탄소세 부과로 인하여 생산비가 증가함으로 인해서 물가 인상의 부작용을 가져올 수 있고, 과징금의 수준이 지나치게 높을 경우에는 신기술의 도입 등을 통해 탄소배출을 줄이려는 노력을 포기하게 하여 공해발생을 줄이기보다는 오히려 음성화시킬 가능성이 있다는 단점이 있다. 또한 탄소배출자의 입장에서 볼 때 신기술의 도입과 탄소배출을 줄이는 장비를 구입·설치하는 비용보다 오염물질을 배출하고 내는 부과금이 적은 경우에는 부과금을 내게 되는 단점도 있다.

따라서 탄소세가 탄소배출을 줄이는 효율적인 제도가 되기 위해서는 탄소배출을 줄이기 위하여 들어가는 비용과 기술적인 면을 충분히 감안해야 할 뿐 아니라, 제도 자체에 변화하고 있는 탄소배출 감소 기술의 수준을 반영시킬 수 있어야 하며, 계속해서 기업으로 하여금 탄소배출을 줄이는 신기술을 개발하도록 하는 유인을 제공할 수 있어야 한다.

제7장
세계의 그린뉴딜 정책

01. 그린뉴딜 정책의 정의

경제적 성장이 커질수록 자원은 고갈되고 환경의 위기와 기후 변화에 대한 문제가 커지고 있다. UN의 2019년 발표에 따르면 21세기 말까지 약 2.7℃의 기온이 상승할 수 있으며, 이는 상상할 수 없는 문제를 초래하게 될 것이라고 경고하였다.

후대에 과학발전과 더불어 건강한 지구의 자연을 물려주기 위해서 각국의 정상들은 마음을 합쳐 탄소중립 2050(또는 2060)을 외치고 있다. 기후 변화 문제는 모든 산업 영역에서 각자의 방식대로 할 수 있는 변화를 모색해야 하며, 자원을 최소화하면서 경제는 지속적으로 성장할 수 있도록 최적의 방안을 탐구해야 한다.

코로나19가 전 세계를 강타하면서 심각한 경기침체를 가져왔다. 2020년 세계 경제 성장은 -4.4% 하락하였으며, 미국 -5.8%, EU -8.3%, 영국 -9.8% 하였다. 따라서 세계 각국은 포스트 코로나를 맞이하여 적극적이고 강력한 경기 부양을 준비하고 있다.

다만 추후 코로나와 같은 팬데믹 상황을 사전에 예방하기 위해 4차 산업과 디지털 그리고 친환경을 아우르는 저탄소 경제 성장을 위해 전 세계의 그린 선언 물결이 휘몰아치고 있다. 특히 탄소배출 상위국은 그린 선언을 통해 친환경, 지속가능, 재생에너지, 스마트시티 등의 정책을 계속해서 제시하고 있다.

[표] 주요국의 온실가스 배출 현황

순위	국가	CO_2 배출 (백만 톤)	전세계 비중(%)	1인당 CO_2 배출 (백만 톤)
1	중국	9,839	27.2	7.1
2	미국	5,269	14.6	16.2
3	인도	2,467	6.8	1.8
4	러시아	1,693	4.7	11.8
5	일본	1,205	3.3	9.5
6	독일	799	2.2	9.7
7	이란	672	1.9	8.3
8	사우디아라비아	635	1.8	19.3
9	한국	616	1.7	12.1
10	캐나다	573	1.6	15.6
	전세계	36,163	100	

출처: KOTRA, 2021

1930년대 미국의 루즈벨트 대통령은 대공황을 극복하기 위해 뉴딜정책을 추진하였다. 코로나19로 인해 다시금 글로벌 충격이 도사리고 있는데, 각국은 자국의 실정에 맞게 맞춤형 뉴딜 정책을 제시하고 있으며, 그 주축의 하나가 바로 그린뉴딜이다.

그린뉴딜은 환경과 사람이 중심이 되는 지속가능한 발전을 뜻하는 말로, 저탄소·친환경·자원 절약 등 환경을 뜻하는 '그린'과 미국 프랭클린 D. 루스벨트 행정부의 경기부양책인 일자리 창출을 뜻하는 '뉴딜'을 합한 말이다. 그린뉴딜은 보는 관점에 따라서 의미의 차이가 있다.

현재 화석에너지 중심의 에너지 정책을 신재생에너지로 전환하는 등 저탄소 경제구조로 전환하면서 고용과 투자를 늘려 경기 부양과 고용 촉진을 끌어내어 기후 변화와 경제적 문제를 아울러 해결하기 위해 제시한 정책이나 법안을 말한다. 한국의 녹색성장과 같은 개념이다.

그린뉴딜의 세 가지 핵심 원칙은 기후 변화 대응(Climate), 일자리 창출 (Jobs), 불평등 해소(Equity)로 기존 화석 연료 중심의 산업구조를 친환경에 너지로 대체해 기후 변화에 적극적으로 대응하고 산업 구조를 재정립하는 과정에서 양질의 일자리를 대거 창출하며 결론적으로 기후 변화, 환경 오염 에 더욱 취약한 계층의 상황을 개선해 불평등을 해소하는 것을 목표로 한다.

02. 그린뉴딜의 역사

2008년 06월 27일 뉴욕타임즈 칼럼니스트 토마스 프리드먼(Friedmen)은 그린뉴딜이라는 용어를 「뉴욕타임즈」의 사설 '정원의 경고'와 저서 『코드 그린(Code Green)』에서 처음 사용했다. 프리드먼은 "화석 연료 산업계의 보조금 지급을 중단하고 이산화탄소배출량에 따른 세금을 부과하며 풍력, 태양력과 같은 재생에너지에 지속적인 인센티브를 제공해야 한다."고 주장했다.

2008년 10월 유엔환경계획(UNEP)은 영국 런던에서 친환경 뉴딜(Green New Deal)정책을 새로운 성장동력으로 제시하고 환경 분야에 대한 투자를 활성화하자고 주장하였다.

2019년 10월 1일 대한민국 인천 송도 컨벤시아에서 제48차 기후 변화에 관한 정부 간 협의체(IPCC) 총회에서 발표한 특별보고서에 따르면 지구 평균기온 상승을 1.5℃ 선에서 저지하려면 CO_2 배출량을 2030년까지 2010년 대비 45%를 줄이고 2050년까지는 탈탄소 사회를 요구했다. 생각보다 급진적인 정책의 필요성으로 세계 각국에서 그린뉴딜에 대한 관심이 커졌다.

2020년 5월 9일 파리경제대 교수 토마 피케티(Thomas Piketty)는 일간지 「르몽드」지에 '위기 이후 녹색 기금의 시대'라는 제목의 칼럼을 통해 코로나19 사태로 인한 경제적 충격을 해결하기 위해서는 환경 분야에 집중적인 투자를 하는 그린뉴딜이 필요하다고 제안하였다. 그래서 그린뉴딜은 코로나19 극복 이후 다가올 새로운 시대·상황, 이른바 포스트 코로나의 핵심 과제로 꼽히고 있다.

03. 미국의 그린뉴딜

　미국은 중국 다음으로 온실가스를 많이 배출하는 나라이면서도 1인당 온실가스 배출량은 16.2톤으로 중국(7.1톤)보다 두 배 이상 높은 편이다. 중국은 제조업이 많아 전체 온실가스 배출량이 많은 반면에, 미국은 제조업 비중은 적으나 국민의 생활 에너지 소비가 많은 편이다. 환경적 문제는 오래전부터 미 행정부 차원에서 다루어져 왔으나 뚜렷한 성과를 보이지는 못했다.

　2019년 미국의 그린뉴딜 결의안이 하원을 통과했으나 공화당이 다수인 상원의 반대로 부결되었고, 트럼프 전 대통령은 2020년 4월에 파리기후협정이 미국에게 공평하지 않으며 미국의 석유 및 가스 산업 경제체제에 악영향을 끼친다면서 협정을 탈퇴하였다.

　버락 오바마가 2008년 대선에 출마하며 프리즈먼의 '그린뉴딜'을 캠프 공약에 포함시켰다. 2008년 1월 미국 대통령 선거에서 당선된 버락 오바마는 미국 프랭클린 루스벨트 전 대통령이 사회간접자본에 투자한 뉴딜정책으로 대공황을 타개했듯이 오바마 대통령도 신재생에너지 부문에 10년간 1,500억 달러를 투자해 500만 개의 녹색일자리(Green Job)를 창출하겠다고 밝혔다. 또한 미국이 지구온난화 문제를 주도하는 기후 변화 주도국으로 도약할 것이란 계획을 밝힌 바 있다.

　2019년 기준 천연가스와 석탄으로부터 전력을 생산하는 비중이 60% 이상인 미국은 2030년까지 풍력에너지의 비중을 20%로 올리며 재생에너지 생산에 파격적인 보조금 및 세액 공제 혜택을 제공한다. 특히 주별로 재생에너지 체제를 각기 구축하였는데, 미국의 미시간주는 재생에너지 일자리 창출을 위해 2030년까지 10억 달러의 투자 계획을 발표하였고, 워싱턴 주는 수력발전을 통한 전력 수급을 70% 이상으로 확대할 계획이다.

한편 조 바이든 대통령은 2021년 1월 취임 즉시 파리기후 협정에 재가입하였다. 또한 2050 탄소중립을 목표로 15년간 그린뉴딜 분야에 약 5조 달러를 투자할 것이라고 공표하였다. 이는 미국 기후 변화 정책에 있어 대전환을 알리는 신호가 되었다. 민주당 출신인 바이든 대통령은 후보 시절에도 자신의 공약으로 저탄소·친환경을 내세웠으며 그린 일자리, 그린인프라, 그린산업을 통해 경제 부흥을 이룩하는 새로운 정책적 체제를 과제로 언급하였다.

특히 친환경 자동차, 재생에너지, 그린시티를 미 그린뉴딜의 중점과제로 선정하였다. 친환경 자동차의 시장 활성화를 위해 세금 공제 및 보조금을 지원하고 2030년 1,200만 대의 무공해 자동차 의무 판매제를 실시한다. 수소차 보급을 활성화하기 위해 에너지부와 자동차, 에너지, 연료 산업의 다양한 기관이 협력하여 예산을 투자받게 된다.

오바마 대통령   조 바이든 대통령

스마트 기술을 바탕으로 하여 일부 도시의 그린시티 조성을 서두르고 있는데, 뉴욕시는 2050년까지 건물 배출 온실가스의 80%를 감축하기로 하였고 로스앤젤레스는 지속가능한 도시 계획을 수립하여 2050년까지 온실가스 배출 제로를 달성하며, 매년 1조 원 정도의 녹색교통 투자를 계획하고 있다.

그린 대전환이라 일컬을 수 있는 조 바이든 정부의 과감한 그린뉴딜 정책은 주 단위에서 시행되던 그린 정책을 연방정부 차원으로 확대하여 통일시키는 역할을 하며, 주정부와 연방정부의 One-Way 목표를 수립하여 더욱 과감하고 추진력 있게 진행할 수 있을 것으로 보인다. 이 과정에서 자국 녹색시장의 보호를 위해 수출품에 대한 감축 기준을 엄격히 적용하여 글로벌 무역에서도 그린뉴딜 정책을 새로운 협상 카드로 유연하게 사용할 것으로 본다.

[표] 조 바이든 대통령의 친환경 관련 정책

분야	내용
일자리	-환경 관련 일자리 1,000만개 창출
건물	-2035년까지 건물의 탄소발자국 50% 감축 -건물 400만 채와 주택 200만 채의 에너지 효율 개선 사업
교통	-2030년까지 미국 전역에 50만 개의 친환경차 충전소 설치 -연방정부 차량을 무공해차량으로 전환 -워싱턴, 뉴욕, 로스앤젤레스, 샌프란시스코 등 고속철도 사업 추진
에너지	-화석 연료 보조금 폐지 -석유 가스 산업의 메탄 배출 제한 설정
인프라	-기후 변화 대응 인프라에 4년간 2조 달러 투자

출처: KOTRA, 2021 자료 재구성

04. 유럽의 그린 딜

EU(유럽연합)는 UN 기후 변화협약(UNFCCC)에서 체결된 교토의정서와 파리기후협정을 가장 잘 이행하는 곳이다. UN 기후 변화협약은 1992년 UN 환경개발회의에서 채택된 협약으로 선진국과 개발도상국이 공동으로, 그러나 차별화된 책임을 가지고 온실가스의 감축을 이행하기로 약속한 협약이다.

교토의정서는 기후 변화의 가장 큰 문제를 온실가스로 정의하여 선진국들이 2008년부터 5년 동안 온실가스 배출량을 5.2% 감축하고자 의무를 규정한 프로토콜이다. 또한 파리기후협정은 2015년 UN 기후 변화협약에서 지구의 평균 온도 상승을 산업혁명 이전 대비 2℃ 이내로 제한하고 1.5℃를 넘지 않도록 합의한 협정이다.

기후 변화를 비롯한 환경 문제는 유럽에도 위협이 되고 있다. 다른 지역보다 산업화가 발달된 유럽에서는 환경 문제가 심각해짐에 따라 다른 나라에서 하는 그린뉴딜보다 자원 효율적이며 경쟁력 있는, 현대화된 경제 패러다임으로 변모하기 위한 성장 전략의 필요성이 대두되었다.

2019년 12월 11일 유럽연합 집행위원회(European Commission) 위원장 우르줄라 폰데어라이엔(Ursula von der Leyen)은 다른 나라와 차이가 있는 유럽의 새로운 경제 전략인 그린 딜(Green Deal) 정책을 발표하였다.

유럽연합 집행위원회 위원장 우르줄라 폰데어라이엔

　EU가 새롭게 제시한 유럽 그린 딜 정책의 핵심은 2050년까지 탄소 순배출량을 '0(Zero)'으로 감축하는 '탄소중립(carbon neutral)'이 목표다. EU는 기후 변화 위기에 주도권을 잡고 글로벌 탄소중립 리더로서 국제 경쟁력을 확보하고자 한다. 폴란드를 제외한 27개국이 유럽 그린딜에 참여했는데, 이는 2050년까지 유럽을 세계 최초의 탄소중립 대륙으로 만들겠다는 비전이다. 유럽 그린딜은 EU 내의 단순한 약속이 아니라 유럽의회가 승인하여 입법 작업을 진행 중인 본격적인 환경 활동이다.

　유럽 그린딜은 EU의 경제를 지속가능발전할 수 있도록 모든 정책 분야에서 기후와 환경적 도전을 기회로 삼는 것이다. EU는 2050년 탄소중립을 위해 여러 분야별 정책 계획을 세웠다. 또한 2030년까지 탄소배출 감축목표를 40%에서 55%로 상향 조정하였고, 재생에너지 이용 비중은 32%에서 33.7%로 상향 조정하였다.

[그림] 유럽 그린딜 정책 개요 (출처: KOTRA, 2020)

이런 그린 정책을 펼치기 위해서는 적극적인 예산 편성과 투자가 지원되어야 한다. EU는 약 1,400조 유로 정도의 유럽 그린딜 투자 계획을 수립하였다. EU예산 및 투자프로그램을 적극 활용하여 매년 그린딜 이행을 위해 투자를 확대하고, 공공 및 민간투자 활성화를 위한 기반을 마련하며 지속가능한 투자 및 공공사업에 대한 기준을 세우고자 한다. 예산 편성과 투자만큼 법의 제정 또한 큰 역할을 한다.

EU는 새롭게 상향 조정된 목표를 이행하고자 기후법의 제정을 추진한다. 그리고 매 5년 간격으로 환경 영향 평가를 실시하고 법안을 지속적으로 수정하겠다고 밝혔다. 또한 탄소배출권 거래제를 확대 실시하여 육해상 운송 분야, 건설 분야 등에도 적용할 예정이다.

EU는 이미 2005년부터 탄소배출권 거래제를 시행하였는데, 현재에도 EU 온실가스 배출량의 45%가 거래 중으로 우수한 이행률을 보이고 있다. 유럽 각국이 자국의 탄소배출 감축을 위해 다른 나라로 탄소를 누출할 수 있는 점을 방지하기 위해 탄소 국경 조정 원리를 도입하고 탄소 국경세를 검토하고 있다. 이런 다방면의 법적인 조치는 유럽이 환경생태의 주요 무대임을 다시금 확인해준다고 볼 수 있다.

[표] EU의 그린뉴딜 정책 중점 추진 분야

분야	내용
청정 및 순환 경제	• 친환경 제품과 서비스 확대 및 촉진을 위한 녹색시장 육성 • 청정 철강·화학 전략, 공정전환체계, 탄소국경 조정메커니즘, 스마트 모빌리티 전략, 해상에너지·건설 환경 전략
건물 에너지 효율화	• 건물 에너지 성능 지침 및 에너지 효율성 지침 입법 체계 수립 • 2020년부터 모든 신축건물은 에너지 제로 건물로 건설 • 2030년까지 2,500만 채의 건물을 에너지 측면에서 개보수
재생에너지	• 2030년까지 재생에너지 이용을 33.7% 확대 • 2050년까지 해상풍력 발전용량을 300GW로 끌어올림 • 유럽청정수소연맹을 출범하고 수소 생태계 구축 제고
그린 모빌리티	• EU전역의 복합운송 활성화를 위한 범유럽 운송 네트워크 지원 • 친환경차 보급 확대를 위한 다양한 세제 혜택과 인센티브 제공 • 2030년까지 승용차 탄소배출 37.5% 감축 의무 부과

출처: KOTRA, 2021 자료 재구성

05. 한국판 뉴딜

한국판 뉴딜은 코로나19로 인해 최악의 경기침체와 일자리 충격 등에 직면한 상황에서, 위기를 극복하고 코로나 이후 글로벌 경제를 선도하기 위해 마련된 국가발전전략이다. 한국은 한국판 뉴딜 정책 추진을 통해 포스트 코로나 시대에 효과적으로 대응하고 세계적 흐름에서 앞서나가겠다는 목표다.

2020년 4월 22일 5차 비상경제회의에서 문재인 대통령은 포스트 코로나 시대의 혁신성장을 위한 대규모 국가 프로젝트로서 '한국판 뉴딜'을 처음 언급하였다.

2020년 5월 7일 홍남기 부총리겸 기획재정부장관이 주재한 '제2차 비상경제 중앙대책본부 회의'에서 3대 프로젝트와 10대 중점 추진과제를 담아 그 추진 방향을 발표했다. 이후 한국판 뉴딜 추진 전담 조직(TF) 구성, 분야별 전문가 간담회, 민간 제안 수렴 등을 거쳐 7월 14일, 제7차 비상경제회의 겸 한국판 뉴딜 국민보고대회를 통해 추진계획이 발표됐다.

2020년 7월 한국판 뉴딜 1.0이 시행되었다. 9대 역점분야 28개 과제를 선정하였고, 디지털 및 그린뉴딜 20개 과제 중 10대 과제를 집중 추진한다. 10대 대표과제는 다시 3가지 카테고리로 구분되는데, 그 중 한 축이 그린뉴딜이다. 그린 리모델링(민간 건축물의 저탄소 경제구조 참여 유도 및 지원 강화), 그린에너지(그린수소, 청정에너지, 신재생에너지 등), 친환경 미래 모빌리티(전기차, 수소차 등)로 구성된 그린뉴딜은 5년간 73조 원의 투자로 가장 큰 투자 규모를 갖고 있다. 이미 오래전부터 국내 친환경산업에 대한 투자하였지만, 보다 적극적인 생태계 유지를 위해 탄소중립을 선언하고 신재생에너지 확산, 그린 모빌리티, 공공시설의 제로 에너지화 추진, 녹색산업단지 조성 등을 추진한다.

[그림] 한국판 뉴딜 종합계획(문화체육관광부, 2021)

2021년 7월 14일, 제4차 한국판 뉴딜 전략회의에서는 한국판 뉴딜 추진 1년을 맞아 그간의 성과를 공유하고, 새로운 요구와 상황 변화에 맞춘 '한국판 뉴딜 2.0'을 발표했다.

특히 2021년 7월 한국판 뉴딜 2.0으로 분야별 추진과제를 고도화하였는데 그린뉴딜 부분에서는 탄소중립 추진 기반 구축이 신설되었다. 국제 요건에 부합하도록 온실가스 측정 및 평가 시스템을 정립하고, 그린뉴딜 사업의 규모를 확대, 신재생에너지 확산, 녹색산업 지원 확대와 더불어 국민이 주체가 되는 탄소중립 추진체계를 적극적으로 마련하겠다는 것이다.

'한국판 뉴딜 2.0'은 국제 환경의 변화에 능동적으로 대응하며 디지털 전환과 그린 전환에 더욱 속도를 높이고, 격차 해소와 안전망 확충, 사람 투자에 더 많은 관심을 기울이는 한 단계 진화한 전략이다. 디지털 뉴딜과 그린뉴딜을 뒷받침하던 '안전망 강화'를 '휴먼 뉴딜'로 확대해 디지털·그린뉴딜과 더불어 또 하나의 새로운 축으로 세워 추진한다.

[표] 한국판 뉴딜 1.0과 2.0 추진과제

구분	한국판 뉴딜 1.0	한국판 뉴딜 2.0
디지털 뉴딜	① DNA 생태계 강화 ② 교육 인프라 디지털 전환 ③ 비대면 산업 육성 ④ SOC 디지털화	① DNA 생태계 강화 ② 메타버스 등 초연결 신산업 육성 ③ 비대면 인프라 고도화 ④ SOC 디지털화
그린뉴딜	① 도시·공간·생활 인프라 녹색 전환 ② 저탄소·분산형 에너지 확산 ③ 녹색산업 혁신 생태계 구축	① 도시·공간·생활 인프라 녹색 전환 ② 저탄소·분산형 에너지 확산 ③ 녹색산업 혁신 생태계 구축 ④ 탄소중립 추진기반 구축
휴먼 뉴딜	① 고용 사회 안전망 ② 사람 투자	① 고용 사회 안전망 ② 사람 투자 ③ 청년 정책 ④ 격차 해소

제8장
지속가능발전

01. 지속가능발전이란 무엇인가?

심각한 환경 오염과 기후 변화, 자연 자원의 고갈, 빈곤과 가난, 인권 유린과 불평등 등 인류의 지속가능한 삶을 불투명하게 하는 많은 문제가 가시화되자 이러한 전 지구적 문제를 해결하기 위해 세계는 환경 뿐 아니라 경제, 사회 문제를 같이 고려하고자 하는 지속가능한 발전을 추구하게 되었다.

지속가능발전은 환경의 보전과 경제 성장 간의 조화를 기본으로 하는 개념이다. 즉, 경제 성장을 이루면서 환경의 질도 높게 유지함을 전제로 한다. 이는 자연 자원의 한계와 고갈이 생산 활동을 약화시키고 환경 오염이 경제 성장을 지연시키는 것을 의식하는 개념이다. 지속가능발전을 이루기 위해서는 자연 자원의 소모뿐만 아니라 환경 오염으로 인한 생태계의 파괴를 충분히 고려해야 한다.

지속가능발전이란 미래 세대가 그들의 필요를 충족할 수 있는 능력을 저해하지 않으면서 현재 세대의 필요를 충족하는 발전을 말한다. 지속가능발전이라는 용어는 1970년대부터 시작되었다. 1972년 스톡홀름에서 개최된 유엔인간환경회의(UNCHE; United Nations Conference on Environment and Development) 이후에 세계는 환경과 사회, 경제적인 요소인 저개발과 빈곤 간의 상호적인 관계에 대한 검토의 필요성을 깨달았다. 그 후 1980년대에 환경에 대한 걱정 및 자연에 대한 관심이 커졌고, 사회경제적 진보 간의 균형이 필요성이 대두되면서 새로운 발전과 정치에 대한 지속가능발전이라는 개념이 등장하였다.

1987년 세계 환경 발전위원회에서 브른트란트는 '우리들의 공동의 미래'를 통해 지속가능발전(sustainable development)을 추구해야 한다고 보고함으로 세계적으로 사용하게 되었다.

　지속가능발전의 의미는 미래 세대가 그들의 필요를 충족할 수 있는 능력을 저해하지 않으면서 현재 세대의 필요를 충족하는 발전을 말한다. 지속가능발전은 시대적 조류와 국제사회가 공감대를 가지고 공통의 노력을 통해 더욱 구체화되고 있다.

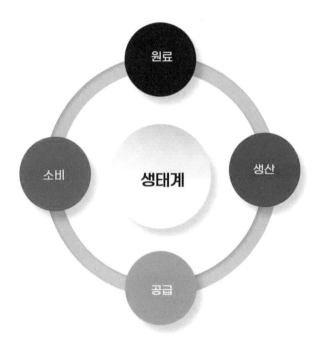

[그림] 지속가능발전

　한국은 2008년 제정된 「지속가능발전법」 제2조에서 지속가능한 발전에 관하여 정의하고 있다. 「지속가능발전법」 제2조 제1항에서는 지속가능성이란 현재 세대의 필요를 충족시키기 위하여 미래 세대가 사용할 경제·사화·환경 등의 자원을 낭비하거나 여건을 저하(低下)시키지 아니하고 서로 조화와 균형을 이루는 것을 말한다고 규정하고 있다. 그리고 동조 제2항에서 지속가능발전이란 지속가능성에 기초하여 경제의 성장, 사회의 안정과 통합 및 환경의 보전이 균형을 이루는 발전을 말한다고 규정하고 있다.

「지속가능발전법」에서는 지속가능발전 개념을 '현재 세대의 필요를 충족시키기 위하여 미래 세대가 사용할 경제·사회·환경 등의 자원을 낭비하거나 여건을 저하시키지 않고 서로 조화와 균형을 이루는 것을 뜻하는 지속가능성 개념에 기초하여 경제의 성장, 사회의 안정과 통합 및 환경의 보전이 균형을 이루는 발전'이라고 정의하고 있다.

지속발전 가능성은 삶의 철학과도 밀접한 관련을 맺고 있다. 지속가능성이라는 관점에서 볼 때 한국은 주요 광물을 대부분 수입에 의존하고 있으며, 천연자원의 부족을 교육과 양질의 노동력으로 보완해왔으나 그것만으로 부족하다.

한국에서도 ESG 경영을 도입하기 위해서는 먼저 청정 에너지원 개발, 자원절약형 기술 개발, 생활 및 소비 행태의 합리적 개선이 절대적으로 필요하고 할 수 있다.

02. 지속가능발전의 기원

　지속가능성의 문제의식은 1930년대부터 어업 분야에서 어류의 포획이 남발하면서 어류 자원이 점차 고갈되면서 나타났다.

　인류는 어류 자원의 고갈을 막기 위하여 미국의 뉴저지주 벨마에서 처음으로 최대 유지 가능 어획량(MSY; Maximum Sustainable Yield)이라는 어업 자원 보호 지침을 만들어 스스로 어획량을 규제하기 시작하면서 인기가 높아졌다. 1946년에는 국제 포경 단속 조약과 1952년 북태평양 어업 협정에서 사용되었다.

　한국은 1999년부터 어획량 관리체제인 총허용어획량제도(TAC; Total Allowable Catch, Individual fishing quota)제도를 도입하였다. 총허용어획량제도는 개별 어종(단일 어종)에 대한 연간 총허용어획량을 정하여 그 한도 내에서만 어획을 허용하는 자원관리 제도다.

　이 제도는 「UN 해양법」 협약 발효에 따른 연안국의 어업 자원에 대한 관할권 강화 및 전통적 어업관리제도의 한계를 보완하기 위해 도입한 제도이다. 그러나 한국은 총허용어획량제도에 해당하는 것이 전체 어획량의 25% 정도 밖에 되지 않아 아직 전통적 관리 체제하에 있기 때문에 총허용어획량제도가 제대로 뿌리내리지 못한 채 수산자원 감소와 이에 따른 어획량 감소를 막아내지 못하고 있다.

지속가능한 발전이란 단어에 대하여 관심을 갖게 된 것은 1962년 레이첼 카슨이 출간한 『침묵의 봄(Silent Spring)』에서 과학기술이 초래한 환경 오염의 위험을 공식적으로 알렸다. 이 책은 DDT 등의 살충제와 농약이 새, 물고기, 야생동물, 인간에게 미치는 파괴적인 결말을 고발하였고, 이를 계기로 미국을 포함한 전 세계인들은 환경 문제를 인식하고 본격적인 관심을 갖게 되었다.

환경 오염이 심해가는 가운데 1972년 6월 UN은 스웨덴의 스톡홀름에서 인간환경회의(UNCHE; UN Conference on the Human Environment)를 개최하고 '인간환경의 보전과 개선을 위하여 전 세계에 그 시사와 지침을 부여하는 공통의 원칙이다.'라는 환경이 생존권 자체의 본질임을 규정한 인간환경선언(스톡홀름선언)을 선포하여 환경보호의 필요성을 강조하였다.

1972년 12월 제27차 국제연합 총회에서 UN 산하에 지구의 환경 문제를 전담하는 기구인 유엔환경계획(UNEP; UN Environmental Programme)이 발족되었다. 유엔환경계획의 역할은 지구 환경을 감시하고, 각 국가 정부를 비롯한 국제사회가 환경의 변화에 따라 적절한 조치를 취할 수 있도록 돕고, 환경 정책에 대한 국제적 합의를 이끌어 내는 것이다.

1980년 이전까지는 지속가능성이란 단어가 환경을 중심으로 하는 이념이었으나 1980년 이후부터는 환경의 이념에 발전을 포괄하는 이념으로 전 분야에 포괄적으로 사용되기 시작하였다.

1992년 6월 3일 브라질 리우데자네이루에서 세계 178개국 대표단과 국제기구 대표 등 8,000여 명이 참석하는 초대형 국제회의가 열렸다. '유엔환경개발회의'라는 이름으로 개막된 이 회의는 사상 최초로 열린 지구적인 차원의 환경회의였다. 각국 대표들과 환경운동가, 과학자들은 12일 동안 지구온난화, 삼림 보호, 동식물 보호, 개도국을 위한 환경 기술 이전, 환경을 고려한 개발 등 7가지 의제를 놓고 토론했다. 이 회의는 기후 변화 문제를 놓고 처음으로 세계가 머리를 맞댄 역사적인 자리였다.

1997년 5월 10일부터 18일까지 아프리카 케냐의 나이로비에서, 세계 105개국 정부 대표가 참석한 가운데 개최되었던 제19차 UNEP 집행이사회에서 '나이로비 선언'을 채택하였다, 이 회의에서는 특히 인간과 환경 간의 조화를 강조하였다. 또한 '인간 환경에 관한 국제 연합 선언'에 대한 지지를 재차 확인하면서 지구 환경 보전을 위한 10년간의 활동을 평가하고, 지구 환경의 현재 상태에 대해 심각한 우려를 표명하면서 지역적 차원과 국내적 차원과 세계적 차원에서 환경을 보호하고 향상시키기 위한 노력을 긴급히 강화해야 한다고 강조하였다.

2000년 5월 29일부터 31일까지 스웨덴 말뫼에서 새롭게 대두되는 중요한 환경 문제들을 재검토하고 앞으로의 계획을 세우기 위해 '말뫼 선언'을 하였다.
국제사회의 많은 성공적이고 지속적인 노력과 얼마간의 성과가 있었음에도 불구하고 지구상의 생명을 위한 환경과 자연 자원이 계속 급속도로 악화되고 있음을 깊이 우려하며, 국제사회, 특히 리우회의에서 정해진 정치적, 법적 의무사항의 빠른 이행의 중요성을 재확인하며, 국제협력의 정신으로 모든 국가가 신속하고 보안된 노력의 책임이 있음을 확신하였다.
특히 리우원칙에서 기술된 것처럼 현재와 미래세대에게 이익이 되는 지속 가능한 발전의 환경 관리를 위해 공통적이지만 차별화된 책임의 원칙을 인정하였다.

2002년 남아프리카공화국 요하네스버그에서 지속가능발전 정상회의를 열고 "우리는 모두에 대한 인간 존엄성의 필요성을 인식하면서 인도적이고 공평하며 우호적인 지구사회를 구축할 것을 약속한다."라고 하여 지속가능한 발전의 필요성에 대하여 재확인하였다.

정상회의 개막식에서 세계의 어린이들은 미래가 그들의 것임을 이야기하였고, 그들이 빈곤, 환경악화, 비지속적인 발전 패턴으로 야기된 모욕(indignity)과 상스러움(indecency)으로부터 벗어난 세계를 상속받을 수 있음을 모두에게 제기하였다.

UN은 2005년부터 2014년까지를 '유엔 지속가능한 발전교육 10개년'으로 선포하고, 유네스코를 실행기관으로 지정했다. 유네스코에서는 지속가능발전의 원칙과 가치, 시행 방침을 모든 학습 과정에 통합하기 위해 노력해왔다. 한국도 지속가능발전 교육을 위한 전략과 계획을 수립하고, 다양한 영역에서 지속가능발 전교육을 위한 활동을 실시하였다.

2015년에 열린 제70차 UN총회에서는 지속가능발전목표(SDGs: Sustainable Development Goals)를 결의하고 2030년까지 지속가능발전의 이념을 실현하기 위하여 '단 한 사람도 소외되지 않는 것(Leave no one behind)'이라는 슬로건과 함께 인간, 지구, 번영, 평화, 파트너십이라는 5개 영역에서 인류가 나아가야 할 방향성을 17개 목표와 169개 세부 목표로 제시하였다.

[그림] UN이 제시한 인류가 나아가야 할 방향성을 17개 목표

UN이 제시한 지속가능발전목표(SDGs)는 다양한 국가적 상황에 따라 유연성을 발휘하므로, 각 국가들은 가장 적절하고 관련있는 목표 내 세부 목표와 지표를 골라 척도로 삼을 수 있게 되었다. 이로 인해 세계 각국은 지속가능발전목표(SDGs)를 이행하기 위한 많은 노력을 하고 있으며, 한국은 「지속가능발전법」, 「저탄소 녹색성장기본법」, 「국제개발협력기본법」 등 정부 정책 및 관련법을 통해 UN-SDGs의 개별목표를 이행하고 있다.

03. 한국의 지속가능한 발전의 역사

한국은 1970년대부터 시작된 산업화로 인하여 인구의 증가와 집중, 산업발전, 소비 증대에 따라 에너지·수자원·토지·각종 자원 등의 수요가 급격히 증대하였다. 경제적 측면에서는 급격한 성장을 이루었지만, 먹고 사는 문제를 해결하는 데 집중하다 보다 보니 환경에서 새롭게 부각되는 문제들을 제대로 인식하지 못했다.

1980년 이래 온산공업단지 부근 울주군 온산면에서는 공단에서 배출된 중금속 분진과 유독 폐수에 의한 대기 오염, 그리고 수질·농산물·해산물 오염으로 인한 중독으로 7개 마을 주민 7,700명 중 약 500명이 팔·다리 부위의 통증을 호소하였다.

1990년대에는 여러 가지 환경 문제들이 발생하기 시작하면서 국민들이 환경의 중요성을 인식하는 계기가 되었다. 결정적으로 환경의 중요성을 깨닫게 된 것은 1992년 3월에는 구미단지의 두산전자공업에서 대량의 페놀(phenol)이 낙동강에 흘러들어, 이 물을 상수원으로 이용하는 대구 다사수원지에서 염소소독을 할 때 극심한 크롤페놀의 악취가 발생하여 대구시의 급수가 약 1주일 동안 중단되기도 하였다. 낙동강 페놀 오염 사건으로 전 국민이 환경 문제의 심각성을 깨닫게 되는 계기가 되었다. 크고 작은 환경 오염으로 인한 사회문제가 발생하자 환경과 관련된 민간단체들이 생겨났으며, 이들에 의한 환경운동이 본격적으로 전개되기 시작하였다.

1995년부터 지방자치단체들은 1992년 브라질 리우데자네이루에서 개최된 유엔환경개발회의에서 채택한 행동강령 회의에서 채택된 '의제21'을 구체적인 활동으로 실천해나가기 위하여 주민, 기업체, 민간단체가 주체가 되어 의제 실천협의회를 만들어 쾌적한 자연환경의 조성과 지속가능발전, 지구 환경 보전 및 주민의 삶의 질 향상을 위한 활동을 시작하였다. 1996년에는 국가 차원에서 '의제 21 국가 실천 계획'을 수립하고 시행하게 되었다.

2000년 6월 5일 제5회 환경의 날 기념식 대통령 연설문에서 '새천년 국가 환경 비전'을 선언하고 지속가능발전의 개념을 처음 도입하였었다. 이 선언을 실제 정책으로 만들기 위한 후속 조치로 2000년 9월에는 지속가능한 국가 발전에 관한 업무를 총괄하는 대통령 자문 지속가능발전위원회가 출범시켰다.

2001년 1월에는 환경부 주관으로 '새천년 국가 환경 비전' 추진계획을 수립하였다. 추진계획에는 환경윤리 정착 및 환경교육 강화, 경제·산업의 녹색화, 환경친화적·계획적인 국토관리, 기초생활환경 개선 기반 확립, 환경과학기술의 발전, 지구 환경 보전에 적극 참여, 녹색 정부 체계의 구현 등에 대한 실행계획을 수립하였다.

2006년 10월에 국내 최초의 경제·사회·환경 분야 통합관리 전략 및 실천계획인 제1차 국가 지속가능발전 전략 및 이행계획을 발표하며 4대 전략, 48개 이행과제, 238개 세부 이행과제를 수립하여 추진하였다.

2007년 8월에는 지속가능발전을 이룩하고, 지속가능발전을 위한 국제사회의 노력에 동참하여 현재 세대와 미래 세대가 보다 나은 삶의 질을 누릴 수 있도록 하기 위하여 「지속가능발전기본법」을 공포하여 지속가능발전을 보장하는 법적 장치가 마련되었다. 이후 매 2년마다 「지속가능 발전법」 제14조에 따른 지속가능발전을 평가하는 국가 보고서가 작성되고 있다.

2010년 1월에는 「저탄소 녹색성장 기본법」이 제정되면서 기존의 「지속가능발전기본법」은 「지속가능발전법」으로 명칭이 변경되었고, 환경부 장관 소속으로 지속가능발전위원회를 두게 되었다. 또한 「저탄소 녹색성장 기본법」 제50조에 따라 지속가능발전 관련 국제적 합의를 이행하고 국가의 지속가능발전을 촉진하기 위한 지속가능발전 기본계획을 20년 계획기간으로 5년마다 수립하여 시행하고 있다.

2011년 8월에는 사회적 형평성과 환경 자원의 지속성을 대폭 강화하기 위하여 제2차 지속가능발전 기본계획을 수립하였고, 기후 변화 대응 및 적응, 산업경제, 사회·건강, 국토·환경 분야의 4대 전략, 25개 이행과제, 84개 세부 이행과제를 추진하도록 하였다. 2012년에는 국가 지속가능발전 평가 보고서가 발간되었다.

2016년 1월에는 제3차 지속가능발전 기본계획이 수립되었고 4대 목표, 부문별 14개 전략, 50개 이행과제로 구성되어 시행 중에 있다.

2015년 9월 유엔이 전 지구적 지속가능성 확보를 위해 경제, 사회, 환경 등 분야를 아우르는 지속가능발전목표(SDGs; Sustainable Development Goals)를 채택함에 따라, 2018년부터 한국 정부는 한국형 지속가능발전목표인 국가 지속가능발전목표(K-SDGs; Korean Sustainable Development Goals)를 수립하여 지속가능성을 보다 구체적으로 달성하기 위해 노력하고 있다.

한국은 G20에 맞는 국가지속 가능 역량을 확보하여 세계 일류 선도국가를 구현하려는 비전을 가지고 성장가능성 발전을 추진하고 있다.

04. 지속가능발전의 특징

지속가능발전을 전 세계에서 채택하여 적용하고는 있지만 지속가능발전이라는 개념 자체의 모호성으로 인해 학자들 간의 개념 인식에 대한 입장 차이가 있어서 지속가능발전의 의미는 여러 가지로 해석되고 있다.

발전이라는 단어가 경제적 성장과 동일시되고, 경제적 성장을 성취한 후에만 환경에 대한 관심를 가질 수 있기 때문에 그 동안 환경의 파괴는 상당히 이루어진다. 따라서 학계에서는 지속가능발전을 지속가능성과 발전으로 나누어 어느 것에 더 무게를 둘지에 대한 논란이 지속되어 왔다. 지속가능성에 무게를 두면, 환경 부문을 경제 부문보다 우위에 놓게 되며, 이와 반대로 발전에 무게를 두면 환경보다 경제 부문을 우위에 두게 된다. 따라서 경제 성장으로 상징되는 발전을 지속적으로 유지하기 위해 생태주의와의 갈등을 잠재워야 한다. 이를 위하여 물질적 풍요로움을 추구하는 산업사회가 인간과 자연에 해를 끼치는 위해 요인을 제거하여 지속가능한 발전을 가능하게 해야 한다.

지속가능발전의 달성 목표를 자연 자원의 대체 가능성을 기준으로 약한 지속가능성과 강한 지속가능성으로 나누어 지속가능발전에 대해 다르게 접근하고 있다. 약한 지속가능성은 경제활동에 따른 환경 영향은 과학과 기술의 진보와 혁신으로 조정이 가능하여 어느 정도의 환경 훼손은 과학기술의 발달로 극복할 수 있다는 입장이다. 그러나 강한 지속가능성은 경제가 성장함에 따라 환경 오염은 계속 증가할 수밖에 없다고 보고 경제 성장과 환경 보전을 동시에 성취하는 것이 불가능하다고 한다.

한편으로 지속가능발전은 환경적으로 지속가능한 상태가 유지되는 것을 의미한다. 그러나 지속가능발전은 환경을 넘어선 그 이상에 대한 이해를 필요로 한다. 지속가능발전에서 강조하는 지속가능성이란 지구사회 전체가 건강하고 행복한, 안정된 상태가 미래에도 계속될 수 있는 상태 또는 특성이라고 하는 광의의 의미를 지닌다. 이는 세대 간 형평성이나 환경 보존, 경제적으로 공평한 분배 등 삶의 질과 연관되며 지구사회라는 광의의 개념에서 인류의 건강하고 행복한 안정된 상태를 지탱하기 위한 가장 필수적인 조건 중 하나가 된다.

더욱 진화된 지속가능발전의 개념은 인간의 개발과 성장·발전 방식, 정책 수단과 도구 등을 지속가능한 방식으로 전환할 수 있는가에 대한 내용을 다루고 있다. 전통적인 개발, 성장 방식뿐만 아니라 의사결정, 사고방식과 같은 삶의 방식에도 다양성, 순환성, 상호의존성과 같은 생태계적 방법을 적용하는 방향을 지향하는 것이다.

따라서 지속가능발전은 자연에 대한 시각에 따라 그 개념과 적용 범위가 달라질 수 있는 가변적 특징이 있으며, 정해진 상태나 결과가 아닌 지향점을 향해 나아가는 변화의 과정이라고 정리할 수 있다.

05. 지속가능발전의 내용

2002년 요하네스버그에서 열린 지속가능발전을 위한 지구정상회의(WSSD)에서는 지속가능발전의 핵심적 요소로 '빈곤의 근절과 생산 및 소비의 방식 전환'을 꼽았다. 이렇듯 지속가능발전을 경제, 환경, 형평이라는 3요소를 축으로 한다고 이해하는 것이 국제사회의 합의된 바라 할 것이다. 이러한 요소를 바탕으로 일반적으로 지속가능발전은 통합의 원칙, 개발권의 원칙, 지속가능한 이용의 원칙, 형평의 원칙 등의 요소로 구성되어 있다고 본다.

1) 통합의 원칙

통합의 원칙은 경제적·사회적 개발 계획과 이행에 환경적 고려를 통합시키고, 환경적 의무를 설정, 해석, 적용함에 있어서 경제적·사회적 발전의 필요성을 고려해야 한다는 것을 의미한다.

리우 선언 원칙 4는 '지속가능한 발전을 성취하기 위해 환경보호는 발전과정의 중요한 일부를 구성하며 발전과정과 분리시켜 고려해서는 안 된다.'라고 규정함으로써 통합원칙을 명시하고 있다.

2) 개발권의 원칙

개발권의 원칙은 각 국가가 자국의 자연 자원을 개발할 권리를 보유한다는 원칙을 말한다. 리우선언 원칙3은 '개발의 권리는 환경에 대한 현세대와 미래 세대의 필요를 형평성 있게 충족할 수 있도록 실현되어야 한다.'라고 규정함으로써 각 국가의 개발권을 인정하되, 현세대와 미래 세대의 필요를 충족시키는 방향으로 실현할 것을 요구하고 있다.

개도국은 그들의 경제개발에 대하여 환경보호 차원에서 가해지는 여러 가지 국제법상의 조치에 반발하면서, 환경보호를 수용하는 조건으로 선진국에게 재정지원과 기술이전을 요구해 왔다. 따라서 이 원칙은 개발권의 명시적 인정을 요구하는 개도국과 지속가능발전의 증진을 요구하는 선진국 간의 타협안으로서 채택된 것이라고 볼 수 있다. 리우선언 원칙3은 국제공동체가 개발권 개념을 인정한 첫 번째 사례이다.

3) 지속가능한 이용의 원칙

지속가능한 이용의 원칙은 자연 자원을 그 재생산능력을 넘지 않는 범위 내에서 이용 내지 개발하여야 한다는 원칙을 말한다. 따라서 지속가능한 이용의 원칙은 자연 자원에 대한 이용을 제한하는 개념으로 작용한다.

리우선언은 지속가능한 이용의 원칙을 직접적으로 정의하는 대신, 원칙 8을 통해 지속가능하지 않은 생산과 소비 패턴의 감소 및 제거, 적절한 인구정책 등에 대해 지속가능성을 적용하고 있다.

4) 형평성

대부분의 사람들이 환경 문제라고 하면 대량생산과 소비로 인한 부작용 정도로 이해하여 환경 문제를 물질적 풍요와 연결시킴에 반해서, '의제 21'의 지속가능한 발전의 이념은 환경 문제를 빈곤이나 빈부격차와 연결시킴으로써 문제의 본질을 더 근원적으로 파악하고 있다는 점은 특기할 만하다. 즉, 잘 사는 계층과 못 사는 계층 사이의 빈부격차 그리고 잘 사는 나라와 못 사는 나라 사이의 빈부격차가 자원 고갈과 환경 오염을 가속화시키고 또 지속가능발전을 저해하는 심각한 요인이라는 문제의식이 깔려 있다.

5) 개방성

구체적인 환경보호 조치를 위하여서는 정보의 공개와 공유가 필수적인 요소다. 민주주의의 실현을 위해서는 다원화된 개개의 의사를 통합하여 다수결에 하나의 결론을 얻는 것이 중요하며, 결론에 도달하는 과정에 있어서 충분한 토의가 있어야 하고 충분한 토의는 정보의 공유를 전제로 한다.

지속가능한 발전에 있어서 모든 사회 구성원들이 환경에 관한 정보 등을 공유하고 있을 때 비로소 최적화된 환경에 관한 의사결정이 가능한 것이다.

06. 지속가능발전의 실현 방법

지속가능발전의 실현 방법을 2015년 제 70차 UN총회에서 지속가능발전목표에서 제시하였다. 지속가능발전목표를 보면 다음과 같다.

- 목표 1. 빈곤 제거 : 모든 곳에 남아 있는 모든 형태의 빈곤을 종식하여 모든 사람의 빈곤을 제거한다.
- 목표 2. 배고픔 제거 : 기아를 종식하기 위하여 식량 안보와 개선된 영양 상태를 달성한다. 그리고 지속가능한 농업을 강화하여 생산량을 증가한다.
- 목표 3. 건강과 웰빙 : 모든 연령층을 위한 건강한 삶 보장과 복지 증진을 증진한다.
- 목표 4. 양질의 교육 : 인간의 행복을 위하여 모두를 위한 포용적이고 공평한 양질의 교육 보장하고, 평생학습의 기회를 증진한다.
- 목표 5. 남녀평등 : 성평등 달성과 모든 여성 및 여아의 권익을 신장한다.
- 목표 6. 깨끗한 물과 위생 : 모두를 위하여 깨끗한 물과 위생의 이용가능성과 지속가능한 관리를 보장한다.
- 목표 7. 저렴하고 깨끗한 에너지 : 저렴한 가격에 신뢰할 수 있고 지속가능한 현대적인 에너지에 대한 접근을 보장한다.
- 목표 8. 양질의 일자리와 경제 성장 : 포용적이고 지속가능한 경제 성장과 함께 완전하고 생산적인 고용을 위하여 모두를 위한 양질의 일자리를 만든다.
- 목표 9. 산업, 혁신 및 인프라 : 회복력 있는 사회기반시설 구축하고, 포용적이고 지속가능한 산업화를 증진하면서 혁신을 도모한다.

- 목표 10. 감소된 불평등 : 국내 및 국가 간 불평등을 감소시킨다.
- 목표 11. 지속가능한 도시와 지역사회 : 포용적이고 안전하며 회복력 있고, 지속가능한 도시와 주거지를 조성한다.
- 목표 12. 책임 있는 소비와 생산 : 지속가능한 소비와 생산 양식을 보장한다.
- 목표 13. 기후 행동 : 기후 변화와 그로 인한 영향에 맞서기 위한 긴급 대응한다.
- 목표 14. 수중 생활 : 지속가능발전을 위한 대양, 바다, 해양자원의 보전과 지속가능한 이용을 한다.
- 목표 15. 지상 생활 : 육상 생태계의 지속가능한 보호·복원·증진을 위하여 숲의 지속가능한 관리를 하며, 사막화 방지, 토지황폐화의 중지와 회복, 생물다양성의 손실을 중단한다.
- 목표 16. 평화, 정의, 강력한 제도 : 지속가능발전을 위한 평화롭고 포용적인 사회를 증진하며, 모두에게 정의를 보장하고, 모든 수준에서 효과적이며 책임감 있고 포용적인 제도를 구축한다.
- 목표 17. 목표를 위한 파트너십 : 이행 수단을 강화하고 지속가능발전을 위해서 글로벌 파트너십을 활성화한다.

07. ESG와 지속가능발전

UN은 2015년 9월 지속가능발전 정상회의((Sustainable Development Summit)에서 지속가능발전목표(SDGs; Sustainable Development)를 채택하였다. SDGs는 기존 UN의 달성 과제였던 새천년개발목표(MDGs; Millenium Development Goal)의 후속 의제로 빈곤퇴치, 불평등 해소, 일자리 창출, 경제 성장, 지속가능한 발전, 기후 변화 문제 해결 등을 주된 골자로 하고 있다.

지속가능발전의 이념을 실현하기 위한 인류 공동의 17개 목표로써, '2030 지속가능발전 의제'라고도 한다. SDGs의 슬로건은 '단 한 사람도 소외되지 않는 것(Leave no one behind)'으로 인간, 지구, 번영, 평화, 파트너십이라는 5개 영역으로 세분화되며 인류가 나아가야 할 방향성을 17개 목표와 169개 세부 목표로 제시하고 있다.

우리나라도 국제사회의 일원으로 책임을 지기 위해 한국형 지속가능발전 목표인 K-SDGs를 수립하였다. K-SDGs는 모두가 사람답게 살 수 있는 포용사회 구현, 모든 세대가 누리는 깨끗한 환경 보전, 삶의 질을 향상시키는 경제 성장, 인권 보호와 남북평화구축, 지구촌협력과 같은 5대 전략을 중심으로 구성되어 있다. 또한 SDGs와 같이 이를 실천하기 위한 17개 목표와 119개 세부 목표, 236개의 지표들(제4차 기본계획 기준)을 설정하여 정부 기관, 지자체, 시민단체, 전문가, 이해관계자 등 다양한 관점에서 전략적인 달성을 위해 노력하고 있다.

기업이 지속 가능하다는 것은 지구가 지속 가능하다는 의미가 있고, 시장 경쟁에서 살아남는다는 의미도 가지고 있다. 특히 현대사회 및 4차 산업혁명을 기점으로 기업의 시장을 글로벌화 되었다. 기업들은 이제 지역, 사회, 국가를 넘어 글로벌 시장에서 지속가능하기 위해 고군분투해야 한다.

기업은 글로벌 시장에서 살아남기 위해 경영의 결실을 숫자로 제시한다. 이것이 바로 재무적 지표이다. 투자자들은 지속가능성이 높은 기업, 글로벌 시장에서 살아나갈 확률이 좋은 기업에 투자한다. 그런데 기업의 사회적 책임이 선명해지면서 몇몇 기업들은 더 많은 투자를 받기 위해 CSR 연례보고서를 제시하기도 한다.

최근에는 사회적 책임뿐만 아니라 환경, 사회, 지배구조를 통해 기업의 지속가능성을 확인한다. 단순한 재무제표나 CSR 보고서만으로는 어떤 기업이 지속가능 경영을 잘하고 있는지 알 수 없기 때문이다. 기관투자자뿐만 아니라 주식투자자들도 상장된 기업 가운데 어느 기업이 재무적 성과뿐만 아니라 비재무적 성과를 내고 있는지 확인하려는 시대이다.

세계적인 컨설팅 회사 맥킨지앤컴퍼니는 "투자자들은 지속가능 경영과 주주가치를 증명할 만한 정보를 갖고 있지 않다. 기업들은 이 관계의 명확성을 증명하지 못하고 있다. 이 때문에 수십조 달러의 움직임이 방해받고 있다." 라고 연구 결과를 제시했다.

이런 갈증을 시원하게 해결해주는 것이 바로 ESG이다. ESG는 기업의 지속가능성을 엿볼 수 있게 도와주는 비재무적 지표이다. 그리고 투가 기관들은 이제 ESG 지표들을 바탕으로 투자를 실시하고 있다. 실례로 지속가능성을 위해 미국의 투자기금, 환경단체, 민간그룹들이 결성한 비영리 연합체 세

리스(Ceres)의 '기후 변화 투자 네트워크 프로젝트'에는 총 11조 달러의 자산이 투자돼 있다. 글로벌 회계법인 EY의 최근 설문조사 결과, 기관 투자자의 90%는 지속가능 경영의 핵심인 환경, 사회, 지배구조 요소(ESG)의 비재무적 성과를 투자 의사 결정의 핵심으로 고려한다고 응답하였다.

특히 SDGs의 17개 목표 중 5번째인 성평등 달성 및 여성 역량 강화, 8번째인 경제 성장 촉진 및 일자리 확보, 12번째인 지속 가능한 소비와 생산, 13번째인 기후 변화 대응은 기업의 ESG 경영과 연관성이 매우 깊다. SDGs에 해당하는 4가지 목표는 ESG의 지배구조 변화를 위한 여성 임원 증대, 비재무적 정보공시 강화, 책임투자 확대, 기업의 지속 가능한 사안들과 일맥상통한다.

1) 목표 5 성평등 달성 및 여성 역량 강화

이 목표는 여성 차별 금지, 동등한 기회 제공, 여성 참여 확대, 여성의 역량 강화, 성평등 의무화에 대한 법안 제정 등의 세부 목표를 가지고 있다.

유럽연합(EU)은 여성 임원 할당제 의무화가 논의되고 있고, 미국에서는 비영리기관을 중심으로 여성 임원 비율을 높이고 있다. 캐나다에서는 성평등 및 여성 역량 강화를 하나의 투자지표로 삼아 기업이 여성 권익을 향상하고 성평등을 지향하면 투자하는 SRI펀드가 출시되기도 하였다.

2) 목표 8 경제 성장 촉진 및 일자리 확보, 목표 12 지속가능한 소비와 생산

이 목표는 지속가능한 경제발전 및 기업의 지속가능성 달성을 위한 것으로 세부 목표로는 지속가능발전에 대한 기업의 전략과 비재무적인 정보를 공시할 수 있도록 권고한다. 2014년 유럽연합(EU)은 비재무적 정보공시 의무화 지침을 통과시켰고, 회원국들이 이 지침을 자국 법에 적용시키도록 했다.

비재무적 정보에는 지속가능경영 보고서, 사업보고서, 통합보고서가 있으며, 더 나아가 재무적 정보와 비재무적 정보를 통합하여 상호 비교하고 파악할 수 있도록 자료를 가공하여 줄 수 있다. 앞으로는 ESG 투자에 따라 비재무적 정보를 다양한 방식으로 가공하여 제공할 필요가 있으며, 구체적이고 다양한 방식으로 자료를 제공할 때 투자자들로부터 긍정적인 의사결정을 받을 수 있을 것이다.

3) 목표 13 기후 변화 대응

이 목표는 기후 변화 문제에 대한 조기 대응, 기후 변화에 따른 영향 완화와 그에 대한 기업의 대처 능력 강화 등을 세부 목표로 가지고 있다. UN의 기후 변화협약은 1992년 브라질 리우 데 자네이루에서 열린 INC회의에서 채택되었다. 이후 전 세계적으로 진보적으로 논의되는 주제 중 하나로 자리 잡았으며, 2016년 파리기후 변화협정에서 다시 한번 국제사회가 뜻을 모았다. 기후 변화는 십수 년을 거쳐 온 국제 문제이며 파리협정에서 우리나라는 2030년까지 2017년 대비 온실가스 24.4% 감축 목표를 제시하였다.

SDGs의 여러 가지 목표들은 ESG 활동, 경영, 투자, 평가, 리스크 등과 직접적으로 연관이 되어 있기 때문에 이 둘을 통합적으로 이해하는 것이 필요하다. ESG 경영의 목표가 지속가능발전에 기여하는 의사결정을 하는 경영이라면 SDGs는 이미 글로벌 합의를 이끌어낸 목표이기 때문에 자연스럽게 둘은 아주 긴밀하고도 맞물리는 관계가 되는 것이다.

제9장
미래 생존을 위한 에너지

01. 에너지의 정의

에너지는 그리스어의 '일'을 뜻하는 에르곤(ergon)에 '속에'라는 접두사 엔(en)이 붙은 말로서, 속에 감춰진 일, 즉 '물체가 지니고 있는 일을 할 수 있는 능력'을 말한다. 에너지는 서로 다른 형태의 에너지로 전환되거나, 일로 바뀔 수 있다. 에너지의 크기는 물체에 한 일의 양으로 측정한다.

에너지의 종류로는 크게 화석에너지와 신재생에너지로 나눈다. 화석에너지는 석탄, 석유, 천연가스 등 화석에 의해서 에너지를 만드는 것을 말한다. 신재생에너지는 신에너지와 재생에너지를 합쳐 부르는 말이다. 신재생에너지는 기존의 화석 연료를 변환시켜 이용하거나 햇빛, 물, 강수, 생물유기체 등을 포함하여 재생이 가능한 에너지로 변환시켜 이용하는 에너지를 말한다. 재생에너지에는 태양광, 태양열, 바이오, 풍력, 수력 등이 있고, 신에너지에는 연료전지, 수소에너지 등이 있다.

인구가 증가하고 산업이 발달하면서 화석 연료에 대한 수요가 폭발적으로 늘고 있어 자원의 고갈과 함께 국제 가격이 상승하는 등의 문제가 나타나고 있다. 더불어 화석 연료의 과다한 사용은 지구온난화를 일으키는 원인이 되어 많은 국가에게는 피해를 주게 됨에 따라 대부분의 국가들은 화석 연료의 사용을 줄이려는 노력을 하고 있다. 화석 연료를 대체하기 위해서 세계는 신재생에너지의 개발과 활용에 박차를 가하고 있다. 이러한 노력으로 많은 부분에서 화석에너지를 대신해서 신재생에너지의 사용이 증가하고 있다.

현재까지는 신재생에너지는 초기 투자 비용이 많이 든다는 단점이 있지만, 화석에너지의 고갈 문제와 환경 문제가 심각해지면서 신재생에너지에 대한 개발과 활용은 선택은 선택이 아니라 필수가 되었다. 지금까지 개발된 신에너지와 재생에너지의 특징과 장단점을 알아보면 다음과 같다.

1) 신에너지

신에너지는 기존에 쓰이던 석유, 석탄, 원자력, 천연가스가 아닌 새로운 에너지로 수소에너지, 연료전지, 석탄을 액화·가스화한 에너지를 말한다. 1970년대에는 석탄, 석유 등 화석 연료를 대체한다는 의미에서 사용되었으나, 1980년대 이후 천연가스, 원자력 등의 사용이 증가되고, 환경 오염의 문제가 심각해짐에 따라 최근에는 청정에너지(Clean Energy)로서의 에너지를 말한다.

2) 재생에너지

재생에너지는 재생가능에너지를 줄여서 부르는 말로 화석 연료나 우라늄과 달리 고갈되지 않기 때문에 지속적으로 이용할 수 있는 에너지를 말한다. 태양, 풍력, 수력, 바이오에너지, 지열, 조력, 파력 에너지 등 다양한 종류가 있다. 땅속 마그마와 방사능에 의해 생기는 지열과 달의 중력에 의해서 발생하는 조력을 제외하면 태양에너지를 이용하는 것이다. 바람, 물의 흐름, 생물체 등은 태양에너지의 변형이나 축적으로 생겨나기 때문이다. 기후 변화와 에너지 고갈의 위기로 1990년대 이래 크게 주목받고 있다.

재생에너지의 이용은 아주 오래되었다. 나무 등을 태워서 난방하거나 요리하는 일은 인류 역사와 거의 함께 시작되었기 때문이다. 수차와 풍차의 개발은 재생에너지를 다양하게 이용할 수 있는 길을 열어주었다. 19세기 초 유럽에서 석탄을 본격적으로 사용하기 전까지 재생에너지는 인류에게 필요한 대부분의 에너지를 공급했다. 그러나 석탄, 석유, 천연가스, 원자력이 대부분의 에너지를 공급하게 된 20세기에 와서는 수력발전 이외의 재생에너지는 관심 밖으로 밀려났지만, 20세기 말부터 다시 부상하기 시작했다.

02. 연료전지에너지

연료전지는 수소, 메탄 및 메탄올 등의 연료를 산화(酸化)시켜서 생기는 화학에너지를 직접 전기에너지로 변환시키는 기술이다. 즉, 수소와 산소가 화학 반응을 통해 결합하면서 물이 만들어지고, 이 과정에서 전기와 열이 생성된다. 보통의 전지는 전지 내에 미리 채워놓은 화학물질에서 나오는 화학에너지를 전기에너지로 전환하지만, 연료전지는 지속적으로 연료와 산소의 공급을 받아서 화학 반응을 통해 지속적으로 전기를 공급한다.

수소연료전지 자동차

연료전지에너지의 장점은 기존의 발전 방식과 달리 연료의 연소가 없으며, 수소, 산소의 전기 화학 반응으로 전기를 발생하기 때문에 환경 오염이 거의 없고, 전기를 생산하는 과정에서 발생하는 열도 이용할 수 있기 때문에 효율이 높으며, 연료전지에 비해 출력이 크고, 저온에서 작동이 되며 구조도 간단하며, 설치가 쉬워서 환경에 따른 제약도 적으며, 내구성이 좋다.

연료전지에너지의 단점은 연료전지에 들어가는 재료는 화석 연료에 비교하여 비싸기 때문에 비용이 많이 들며, 계속 충전해야 한다.

수소 이외에도 메탄올이나 천연가스를 연료로 사용할 수 있어 자동차의 동력원으로서 적합하다. 현재 수소연료전지를 이용한 수소차가 시중에 판매가 되고 있다.

03. 수소에너지

　수소에너지는 수소를 기체 상태에서 연소 시 발생하는 폭발력을 이용하여 기계적 운동에너지로 변환하여 활용하거나 수소를 다시 분해하여 에너지원으로 활용하는 기술이다. 수소에너지는 물, 유기물, 화석 연료 등의 화합물 형태로 존재하는 수소를 분리한 후 연소시켜 얻는 청정에너지다.

　수소는 화석 연료보다 풍부하게 존재하는 물을 분해하여 얻을 수 있기 때문에 수소에너지의 원료가 되는 물은 지구상에 풍부하게 존재하며, 연소 시에 극소량의 질소와 물만 생성되고, 공해 물질은 발생되지 않는다.

수소에너지 자동차

수소에너지의 장점은 수소는 거의 무한대로 존재하는 물을 분해하여 얻을 수 있기 때문에 이용 가능량이 많고, 연소시켜도 산소와 결합하여 다시 물이 되므로 친환경적인 에너지다.

수소에너지의 단점은 수소를 얻거나 저장하는 기술에 비용이 많이 들어가므로 기술 발달이 필요하다.

현재 자동차에 사용되는 연료는 가솔린, 경유 등 화석 연료로 자원 고갈과 환경 오염을 일으키고 있기 때문에 기존의 자동차를 대체할 수 있는 무공해 수소 자동차를 생산하고 판매되고 있다. 수소를 연료로 사용하는 수소 자동차는 가솔린을 사용하는 것보다 열효율이 우수하며, 대기오염이 없는 청정에너지다. 수소 자동차는 기존의 연료 탱크를 수소 저장 탱크로 바꾸어 주어야 하므로 수소를 저장하는 기술이 필요하다.

04. 석탄 액화·가스화에너지

　석탄 액화·가스화에너지는 석탄과 같은 고체 저급 연료를 가스화(기화)시켜 가스 터빈 및 증기 터빈 등을 통해 발전하거나, 액화시켜 휘발유 및 디젤유 등의 고급 액체 연료로 전환해 이용하는 에너지를 말한다.

　석탄 액화 기술은 석유를 대체할 수 있는 액체 연료를 만들고, 석탄 가스화는 석탄으로부터 도시가스에 사용할 수 있는 기체 연료를 만드는 기술입니다. 이는 발전 효율이 높고, 석탄에서 대기오염의 원인이 되는 황 성분을 제거하기 때문에 환경친화적 기술이다. 그러나 이러한 과정들을 처리하기 위해서는 복잡하고 큰 장치가 필요하고 비용이 많이 들어가게 된다. 따라서 기술 발전을 통해 개량화가 필요한 에너지다.

05. 태양광에너지

태양광에너지는 태양광발전시스템(태양전지, 모듈, 축전지 및 전력변환장치로 구성)을 이용하여 태양광을 직접 전기에너지로 변환시키는 기술이다.

태양광에너지 장점은 빛을 통한 에너지가 무한정이며, 발전량을 필요한 장소에 가능하며, 관리 및 유지보수가 쉬우며, 무인화 가능하여 인건비가 들지 않으며, 한번 설치하면 20년 이상 긴 수명을 가지고 있다.

태양광에너지 단점은 시공 시 비용이 높기 때문에 발전 단가가 높으며, 넓은 설치 면적이 필요하며, 설치할 수 있는 장소는 태양광이 많이 비추는 곳에만 가능하며, 전력 생산량이 지역별 일사량에 다르다.

06. 태양열에너지

태양열에너지는 태양으로부터 방사되어 지구상에 도달하는 열을 이용하는 에너지를 말한다. 열을 한곳에 모아 얻은 고열(高熱)을 직접 난방에 이용하거나, 열교환기를 이용해 물을 끓여 발생시킨 고압 수증기를 터빈을 돌리는 힘으로 이용하여 전기를 생산하는 태양열발전 등에 활용한다. 태양열을 이용해 가정에서는 온수, 난방, 냉방에 이용할 수 있으며, 공장이나 발전소를 움직이는 산업에너지로도 사용된다.

태양열에너지의 장점은 태양이 열을 방사하는 한 무한한 에너지원이며, 온실가스 배출 없는 무공해 에너지이고, 기존의 화석 연료에 비해 생산 가능한 지역적 편중이 적고, 다양한 적용과 이용이 가능하다는 점 등을 들 수 있다.

태양열에너지의 단점은 초기 설치 비용이 많이 들고, 비용 대비 에너지 효율이 떨어진다는 점이다.

07. 풍력에너지

　풍력에너지는 자연적인 바람이 가지는 운동에너지를 회전에너지로 변환하고, 최종적으로 전기를 생산하는 데 이용되는 에너지이다.

　바람은 태양에 의해 지면의 불균등한 가열, 지구 표면의 불규칙함, 지구의 자전 등에 의해 발생하므로, 풍력은 태양에너지의 한 형태이며 발전시스템을 이용하여 전기를 생산할 수 있다. 풍력으로부터 얻는 에너지의 양은 회전 날개 직경과 바람의 속도에 의해 결정되며, 날개의 직경이 커질수록, 풍속이 높을수록 많은 양의 전기 생산이 가능하다.

풍력 발전

풍력에너지의 장점은 무엇보다 무제한적으로 사용이 가능하며, 공해 물질을 배출하지 않는 청정에너지이며, 다른 신재생에너지에 비해 발전 단가가 비교적 낮아 상용화가 용이하며, 풍차와 같은 설비를 이용하여 관광 자원화도 가능하다.

풍력에너지의 단점은 에너지 밀도가 낮아 바람이 희박할 경우 발전이 힘들며, 추가적으로 에너지를 저장할 수 있는 장치가 필요하며, 풍력 발전 설비는 초기 투자 비용이 크고 레이더 전파의 교란을 일으킬 수 있으며 소음이 발생한다는 단점이 있다.

08. 바이오에너지

　태양광을 이용하여 광합성되는 유기물(주로 식물체) 및 동 유기물을 소비하여 생성되는 모든 생물 유기체(바이오매스)를 연료로 하여 얻어지는 에너지로 직접 연소·메테인발효·알코올발효 등을 통해 얻어진다.

　에너지 이용의 대상이 되는 생물체를 총칭하여 일반적으로 바이오매스라고 한다. 바이오매스는 생태학 용어로서 생물량 또는 생체량이라고도 한다. 원래 살아 있는 동물·식물·미생물의 유기물량을 의미하지만, 산업계에서는 유기계 폐기물도 바이오매스에 포함한다.

　바이오에너지의 장점은 석유나 석탄 등 화석 연료를 활용하는 것에 비해 공해 물질을 현저하게 적게 배출되며, 사용 시 없어지는 것이 아니라 재생성을 가지고 있어 원료 고갈 문제가 없으며, 다른 신재생에너지는 저장이 어려우나 바이오에너지는 열과 전기뿐만 아니라 난방 또는 수송용 연료의 형태로 생산이 가능하여 에너지 활용도가 높다.

　바이오에너지의 단점은 주요 원료를 옥수수를 사용하기 때문에 굶주리고 있는 인구가 먹을 수 있는 식량을 소비한다는 비난이 있으며, 바이오에너지의 원료 확보를 위해 넓은 면적의 토지가 필요하고, 자원량의 지역적 차이가 크다는 점이다. 미국은 2015년부터 옥수수를 활용하는 것을 동결하고, 먹지 않는 식물을 원료로 기술 개발을 진행하고 있다.

브라질·캐나다·미국 등에서는 알코올을 이용한 바이오에너지 공급량이 이미 원자력에 맞먹는 수준에 도달해 있다. 인도네시아·일본도 상당한 수준의 바이오에너지 기술을 갖고 있다. 한국에서는 대체에너지 기술 개발 사업으로 바이오에너지에 대한 연구가 진행되며 보급이 많이 늘어날 것으로 전망된다.

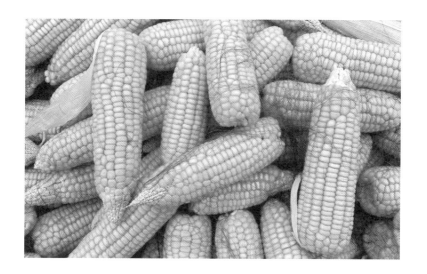

09. 폐기물에너지

　폐기물에너지는 사업장 또는 가정에서 발생되는 가연성 폐기물 중 에너지 함량이 높은 폐기물을 열 분해에 의해 생기는 에너지 제조 기술을 말한다, 생활폐기물, 산업폐기물 중 에너지 함량이 높은 가연성 폐기물을 가스화, 소각, 열분해 등의 변환 과정을 거쳐 고체, 액체 및 가스 연료, 폐열 등으로 생산한다.

　폐기물에너지의 장점은 각종 폐기물을 감량하고 재활용함으로써 폐기물 처리 문제가 감소하며, 화석 연료를 대체하는 에너지로서 이산화탄소 감축 효과를 볼 수 있으며, 고체, 액체, 가스 등 다양한 형태의 에너지원으로 변형이 가능하므로 활용 가치가 높고, 에너지 이용 과정 중 열이 사용되므로 지역에 난방열 공급이 가능하여 경제적인 효과가 높다.

　폐기물에너지의 단점은 폐기물을 주된 연료로 사용하기 때문에 위생 시설 및 다양한 처리 기술이 요구되어 초기 투자 비용이 높으며, 폐기물 소각 시에 배출되는 환경 오염물질과 생산 및 보관 시에 발생하는 악취와 오염물질로 인해 설치에 어려움을 겪는다.

　폐기물에너지 생산량이 가장 많은 국가인 미국은 고형폐기물의 소각열을 이용한 에너지 생산량이 활성화 되어 있으며, 유럽의 경우 소각 시설의 폐열로 증기를 생산하는 다양한 원천 기술을 보유하고 있다. 국가 간 고형연료의 거래도 활발하기 때문에 일본은 생활폐기물 고형연료화 시설을 약 70개 가동하고 있으며, 90% 이상의 생활폐기물을 소각 시설에서 처리하고 있다. 한국은 폐기물에너지가 신·재생에너지 생산량의 60%를 차지하며, 태양광이나 풍력 등 다른 에너지원에 비해 높은 비중을 차지하고 있다.

10. 지열에너지

지열에너지는 지표면으로부터 지하로 수 m에서 수 km 깊이에 존재하는 뜨거운 물(온천)과 돌(마그마)을 포함하여 땅이 가지고 있는 에너지를 이용하는 기술을 말한다. 지열은 지구가 생성될 때 있던 열로 아직 방열되지 않은 상태이거나, 우라늄이나 토륨 같은 방사선 원소의 붕괴에 의하여 생기는 것이다.

지열에너지의 장점은 일단 지구 자체가 가지고 있는 에너지기 때문에 영구적으로 생산이 가능하며, 깨끗하고 발전비용도 비교적 저렴하며, 날씨에 영향을 받지도 않고 폐기물도 나오지 않는 청정에너지다.

지열에너지의 단점은 땅의 침전 가능성이 있기 때문에 지중 상황 파악이 어려우며, 지열 발전이 가능한 지역이 한정된다.

11. 수력에너지

수력에너지는 개천, 강이나 호수 등의 물의 흐름으로 얻은 운동에너지를 전기에너지로 변환하여 에너지를 생산하는 기술을 말한다. 현재 가장 보편적으로 사용하는 재생에너지가 바로 수력에너지이며, 점점 수력에너지에 대한 의존도가 높아지고 있다.

수력에너지의 장점은 수력발전소는 한번 건설되면 폐기될 때까지 에너지를 얻을 수 있으며, 에너지 생산 비용이 거의 들지 않기 발전 생산원가가 매우 저렴하다.

수력에너지의 단점은 댐 건설에 들어가는 초기 비용이 많이 들며, 지형, 수량, 낙차 등에 의해서 생산되는 에너지의 양이 달라지며, 댐 건설 시 상당 부분의 지형을 침수시켜야 하기에 생태계나 마을 자체를 손상시킬 수 있으며, 강수량이 적으면 발전에 차질이 생길 수 있다.

12. 해양에너지

해양에너지는 해수면의 상승하강 운동을 이용한 조력 발전과 해안으로 입사하는 파랑에너지를 회전력으로 변환해서 에너지를 얻는 기술이다. 해양에너지는 파도를 이용하는 파력에너지, 밀물과 썰물을 이용하는 조력에너지, 좁은 해협의 조류를 이용한 조류에너지가 있고, 해양 온도 차에 의해서도 전기를 얻을 수 있다.

해양에너지의 장점은 연료가 전혀 들지 않아 발전 단가가 싸며, 날씨나 계절의 영향을 받지 않고 지속적으로 에너지를 생산할 수 있으며, 해양 생태계에 거의 영향을 주지 않으며, 공해 물질이 전혀 나오지 않으므로 청정에너지다.

해양에너지의 단점은 파도가 센 곳에서만 가능하기 때문에 장소적 제약이 있으며, 복잡한 해양 환경에 설치하는 것은 어려우며 비용이 많이 들며, 파도에 부딪혀 파손될 수 있다.

　해양에너지는 지금까지 경제성이 없어 대규모로 설치하는 나라들이 거의 없으나 앞으로 석유가 점점 고갈되어 값이 비싸지면 조력 발전도 경쟁력이 생길 것이다.

제10장
K-ESG 가이드 라인

01. K-ESG 추진 배경

기업에 대한 평가 기준이 재무적 요소에서 비재무 요소인 ESG로 빠르게 변화하고 있다. 그리고 투자의 기준으로 ESG를 활용하는 금융·자산운용사, 연기금 등 기관이 점차 확대되는 추세가 확산되고 있으며, 공급망 실사 등 협력사에 대한 ESG 준수 요구가 지속적으로 증가함에 따라 기업의 ESG 경영 필요성이 증가하고 있다.

기업의 ESG 경영 추진 필요성에 대한 인식은 높아지고 있으나, 어디서부터 시작해야 하는지, 목표는 어떻게 설정해야 하는지, 구체적인 실천은 어떻게 해야 하는지에 대한 경험과 정보가 부족한 실정이다. 특히, 중소·중견기업은 비용, 시간 등 현실적 어려움으로 ESG 경영 도입에 더 많은 어려움을 겪고 있는 상황이다.

현재 국내·외 600여 개 이상의 평가 지표가 운영되고 있으나 개별 기업에서 각각의 평가 기준, 평가방식을 파악하기는 쉽지 않은 상황이다. 또한, 글로벌 ESG 평가기관들은 기관마다 고유한 평가 프로세스, 지표, 측정산식 등을 기반으로 평가를 진행하여 기업 입장에서는 일관된 평가 대응 체계를 수립하기가 쉽지 않았다. 이를 해결하기 위해서 산업통상자원부는 지난 2021년 4월 21일 4월21일 대한상공회의소에서 삼성전자·현대차·엘지(LG)전자·에스케이(SK) 등 주요 기업들을 상대로 간담회를 열고, 한국형 ESG 지표의 표준화 작업을 진행해서 2021년 12월에 공개하였다.

02. K-ESG 구성 방향

K-ESG는 크게 기업의 ESG 경영과 평가 대응 방향, 국내 상황을 고려한 ESG 요소, 산업 전반의 ESG 수준 제고를 위한 범용적 가이드 라인으로 구성하였다.

1) 기업의 ESG 경영과 평가대응 방향 제시

기업이 우선적으로 고려해야 할 ESG 경영 요소와 평가기관에서 가장 많이 다루는 평가항목 제시를 위해, 국내·외 주요 13개 평가 지표와 공시기준 등을 분석하여 공통적이고 핵심적인 61개 항목을 구성하였다.

2) 국내 상황을 고려한 ESG 요소 제시

각 분야별 전문가, 전문 기관, 관계부처 의견 등을 반영하여 글로벌 기준에 부합하면서도 우리 기업이 활용 가능한 문항으로 구성하였다. 그리고 글로벌 기준 중심의 기본 진단항목, 글로벌 기준에서도 일부 사용되고 있거나 국내 제도에서 중요시하는 ESG 경영 요소를 추가 진단항목으로 구분하여 제시하였다.

3) 산업 전반의 ESG 수준 제고를 위한 범용적 가이드 라인 제시

기업에서는 ESG 경영 수준 향상을 위한 방향성 제시에 초점을 두고 기업 스스로 ESG 경영 목표 수립이 용이하도록 활용 가이드를 제시하였다.

중소·중견기업에서는 ESG 경영전략 수립을 희망하는 중소·중견기업이 우선 적으로 활용할 수 있는 27개 항목을 선별 제시하였다.

평가·검증기관은 ESG 평가 시 K-ESG 가이드 라인을 자율적으로 활용할 수 있도록 설계하고 평가·검증기관의 니즈를 고려하여 기본 진단항목 외 대체·추가 항목을 제시하였다.

03. K-ESG 기본 진단항목 체계

1) 영역

영역은 ESG 정의를 기반으로 ESG 관련 정보공개 여부 측정 항목 추가하여, 정보공시(Public), 환경(Environmental), 사회(Social), 지배구조(Governance) 4개 영역을 기준으로 대분류를 설정하였다.

2) 범주

범주는 국내외 ESG 공시/평가 기준에서 공통 제시 이슈 기반으로, 조직이 ESG 경영을 통해 추구해야 하는 사회적 가치(Social Value)로 범주를 설정하였다.

정보공시(P)는 3개 범주이며, 환경(E)은 9개 범주이며, 사회(S)는 9개 범주이며, 지배구조(G)는 6개 범주로 총 27개 범주로 설정하였다.

3) 진단항목

진단항목은 가이드 라인 각 '범주'에서 추구하고 있는 '사회적 가치'를 정성·정량적으로 진단하기 위한 세부 항목이다.

정보공시(P)는 5개 항목이며, 환경(E)은 17개 항목이며, 사회(S)는 22개 항목이며, 지배구조(G)는 17개 항목으로 설정하여 총 61개 기본 진단항목으로 설정하였다.

04. K-ESG 기본 진단항목

영역	범주	분류번호	진단항목
정보공시(P) (5개 문항)	정보공시형식	P-1-1	ESG 정보공시 방식
		P-1-2	ESG 정보공시 주기
		P-1-3	ESG 정보공시 범위
	정보공시내용	P-2-1	ESG 핵심 이슈 및 KPI
	정보공시검증	P-3-1	ESG 정보공시 검증
환경(E) (17개 문항)	환경경영 목표	E-1-1	환경경영 목표 수립
		E-1-2	환경경영 추진체계
	원부자재	E-2-1	원부자재 사용량
		E-2-2	재생 원부자재 비율
	온실가스	E-3-1	온실가스배출량(Scope1 & Scope2)
		E-3-2	온실가스배출량(Scope3)
		E-3-3	온실가스 배출량 검증
	에너지	E-4-1	에너지 사용량
		E-4-2	재생에너지 사용 비율
	용수	E-5-1	용수 사용량
		E-5-2	재사용 용수 비율
	폐기물	E-6-1	폐기물 배출량
		E-6-2	폐기물 재활용 비율

	오염물질	E-7-1	대기 오염물질 배출량
		E-7-2	수질 오염물질 배출량
	환경법/규제위반	E-8-1	환경법/규제 위반
	환경라벨링	E-9-1	친환경 인증제품 및 서비스 비율
사회(S) (22개 문항)	목표	S-1-1	목표 수립 및 공시
	노동	S-2-1	신규 채용 및 고용유지
		S-2-2	정규직 비율
		S-2-3	자발적 이직률
		S-2-4	교육훈련비
		S-2-5	복리후생비
		S-2-6	결사의 자유 보장
	다양성 및 양성평등	S-3-1	여성 구성원 비율
		S-3-2	여성 급여 비율(평균 급여액 대비)
		S-3-3	장애인 고용률
	산업안전	S-4-1	안전보건 추진체계
		S-4-2	산업재해율
	인권	S-5-1	인권 정책 수립
		S-5-2	인권 리스크 평가
	동반성장	S-6-1	협력사 ESG 경영
		S-6-2	협력사 ESG 지원
		S-6-3	협력사 ESG 협약사항
	지역사회	S-7-1	전략적 사회공헌
	지역사회	S-7-2	구성원 봉사 참여
	정보보호	S-8-1	정보보호 시스템 구축

		S-8-2	개인정보 침해 및 구제
	사회법/규제위반	S-9-1	사회법/ 규제위반
구조지배(G) (17개 문항)	이사회 구성	G-1-1	이사회 내 ESG 안건 상정
		G-1-2	사외이사 비율
		G-1-3	대표이사 이사회의장 분리
		G-1-4	이사회 성별 다양성
		G-1-5	사외이사 전문성
	이사회 활동	G-2-1	전체 이사 출석률
		G-2-2	사내 이사 출석률
		G-2-3	이사회 산하 위원회
		G-2-4	이사회 안건 처리
	주주 권리	G-3-1	주주총회 소집 공고
		G-3-2	주주총회개최일
		G-3-3	집중/전자/서면투표제
		G-3-4	배당정책 및 이행
	윤리경영	G-4-1	윤리 규범 위반사항 공시
	감사기구	G-5-1	내부 감사부서 설치
		G-5-2	감사기구 전문성(감사기구 내 회계/ 재무 전문가)
	지배구조법/규제 위반	G-6-1	지배구조법/규제위반
4개 영역, 27개 범주, 61개 기본 진단 항목			

05. 중견·중소 기업을 위한 K-ESG 가이드 라인

중견·중소기업은 K-ESG 기본 진단항목 전체를 평가하기 어렵기 때문에 K-ESG 가이드 라인의 일부 항목을 ESG 활동 및 성과 데이터 관리 도구로 활용해야 한다.

중견·중소기업은 사업성과 창출 활동보다는 비용, 인력 등 현실적 어려움으로 ESG 경영 추진을 위한 실질적 정보 및 노하우 확보에 어려움이 존재한다. 따라서 K-ESG 가이드 라인에서는 중견·중소기업의 ESG경영 추진 위한 기본 점검 진단항목 선별하여 제시하였다.

K-ESG 가이드 라인에서는 과도한 투자 비용(설비·인력 투자비용 등)이 발생하지 않는 범위 내에서 ESG경영 추진 및 개선이 가능한 기본 진단항목을 제시함으로써 중견·중소기업의 ESG 대응 역량을 강화할 수 있도록 하였다.

향후 중견·중소기업을 위한 K-ESG 가이드 라인이 별도 개발될 예정이며, 기업 현실을 고려하여 진단항목 및 단계별 기준을 수정보완할 예정이다.

따라서 K-ESG 가이드 라인에서는 중견·중소기업의 ESG경영 추진 위한 기본 점검 진단항목 선별하여 다음과 같이 제시하였다.

1) 영역

영역은 ESG 정의를 기반으로 ESG 관련 정보공개 여부 측정 항목 추가하여, 정보공시(Public), 환경(Environmental), 사회(Social), 지배구조(Governance) 4개 영역을 기준으로 대분류를 설정하였다.

2) 범주

범주는 국내외 ESG 공시/평가 기준에서 공통 제시 이슈 기반으로, 조직이 ESG 경영을 통해 추구해야 하는 사회적 가치(Social Value)로 범주를 설정하였다.

정보공시(P)는 2개 범주이며, 환경(E)은 7개 범주이며, 사회(S)는 4개 범주이며, 지배구조(G)는 4개 범주로 총 17개 범주로 설정하였다.

3) 진단항목

진단항목은 가이드 라인 각 '범주'에서 추구하고 있는 '사회적 가치'를 정성·정량적으로 진단하기 위한 세부 항목이다.

정보공시(P)는 4개 항목이며, 환경(E)은 9개 항목이며, 사회(S)는 9개 항목이며, 지배구조(G)는 5개 문항으로 설정하여 총 27개 기본 진단항목으로 설정하였다.

[표] 중견·중소기업을 위한 K-ESG 가이드 라인

영역	범주	분류번호	진단항목
정보공시(P) (4개 문항)	정보공시형식	P-1-1	ESG 정보공시 방식
		P-1-2	ESG 정보공시 주기
		P-1-3	ESG 정보공시 범위
	정보공시검증	P-3-1	ESG 정보공시 검증
환경(E) (9개 문항)	환경경영 목표	E-1-2	환경경영 추진체계
	원부자재	E-2-1	원부자재 사용량
	온실가스	E-3-1	온실가스 배출량(Scope1 & Scope2)
		E-3-3	온실가스 배출량 검증
	에너지	E-4-1	에너지 사용량

	용수	E-5-1	용수 사용량
	폐기물	E-6-1	폐기물 배출량
	오염물질	E-7-1	대기 오염물질 배출량
		E-7-2	수질 오염물질 배출량
사회(S) (9개 문항)	노동	S-2-2	정규직 비율
		S-2-6	결사의 자유 보장
	다양성 및 양성평등	S-3-1	여성 구성원 비율
		S-3-2	여성 급여 비율(평균 급여액 대비)
		S-3-3	장애인 고용률
	산업안전	S-4-1	안전 보건 추진체계
		S-4-2	산업재해율
	지역사회	S-7-1	전략적 사회공헌
		S-7-2	구성원 봉사 참여
지배구조(G) (5개 문항)	이사회 구성	G-1-1	이사회 내 ESG 안건 상정
	이사회 활동	G-2-1	전체 이사 출석률
		G-2-4	이사회 안건처리
	주주 권리	G-3-1	주주총회 소집공고
	윤리경영	G-4-1	윤리 규범 위반사항 공시
4개 영역, 17개 범주, 27개 기본 진단항목			

06. K-ESG 진단항목 작성 요령

구분	분류번호	영역	범주
	P-1-1	정보공시	정보공시형식
항목	ESG 정보공시 방식		
항목 설명	• 조직이 ESG 정보공시 동향에 맞추어 정보 수요자의 접근성을 고려한 ESG 정보공시 방식을 정립하고 있는지 점검 • ESG 정보를 종합한 온/오프라인 채널 운영 및 ESG 정보공시 외부 확산/전파 등 정보 접근성 향상 측면의 노력을 확인		
성과 점검	• 조직의 홈페이지, 지속가능경영보고서, 사업보고서, 기타 간행물 등에 ESG 정보가 종합적으로 수록되어 있는지, ESG 정보공시 여부를 대외에 알리는지 측정 [데이터 원천] 홈페이지, 지속가능경영보고서, 사업보고서, 기타간행물, 전자공시시스템 上 '자율공시' [데이터 기간] 직전 회계연도 [데이터 산식] N/A		
점검 기준	1단계 : 조직이 어떠한 방식으로든 ESG 정보를 공시하지 않는 경우 점검기준 적용방안 (단계형) 2단계 : 조직의 홈페이지, 지속가능경영보고서, 사업보고서, 기타 간행물 등에 ESG 정보를 분산하여 공시하고 있는 경우 3단계 조직의 홈페이지, 지속가능경영보고서, 사업보고서, 기타 간행물 등에 ESG 정보를 통합하여 공시하고 있는 경우 4단계 ESG 정보를 통합한 조직의 홈페이지, 지속가능경영보고서, 사업보고서, 기타 간행물 등을 지정된 장소에 비치하거나, 특정 URL에 담고 있는 경우 5단계 ESG 정보를 통합한 조직의 홈페이지, 지속가능경영보고서, 사업보고서, 기타 간행물 등의 발행 여부를 '전자공시시스템–자율공시' 사항으로 알리는 경우		

1단계	2단계	3단계	4단계	5단계
0점	25점	50점	75점	100점

07. 정보공시 항목 작성 요령

1) ESG 정보공시 방식

• ESG 정보공시 : 투자자를 비롯한 다양한 이해관계자의 의사결정 및 가치판단에 영향을 미칠 수 있는 환경, 사회, 지배구조와 관련된 정보를 공개적으로 널리 알리는 행위를 의미한다. 조직은 정기적으로 특정한 정보공시 창구(홈페이지, 사업보고서, 지속가능경영 보고서, 기타 간행물 등)에 ESG 관련 정보를 종합적으로 수록하고 있으며, 해당 정보공시 창구를 통해 이해관계자 누구나 ESG 정보를 접근/열람할 수 있고, 정보공시 여부를 대내외에 알리는 행위를 한 경우 ESG 정보공시를 하였다고 정의한다.

• ESG 정보 : 중대성 평가(Materiality Test) 결과에 따른 핵심 이슈, 또는 조직의 사업 운영 과정에서 지속적 관리가 필요한 ESG 이슈별로 '전략', '조직', '활동', '성과', '목표'에 관한 정보를 의미한다. 또한 '조직의 ESG 관련 이슈가 조직의 성장에 미치는 영향', '해당 이슈를 관리하지 않았을 경우 발생 가능한 위험' 등도 중요한 ESG 정보에 해당한다.

• 정부 기관, 투자기관, 서비스 기관 등 ESG 정보 수요자의 정보공시 요구 수준이 복잡해짐에 따라, 주요 국가별 규제기관 및 국내외 산업표준 등에서 다양한 ESG 정보공시 지침을 제시하고 있으나, 모든 조직에 통용되는 정보공개 방식이 확정되어 있지 않다.

• 주요 국가별 규제기관 및 국내외 산업표준 등에서 제시한 정보공시 방식은 크게 1) 공시규제 사항인 사업보고서, 2) 지속가능경영 보고서, 3) 조직의 홈페이지 및 기타 플랫폼, 4) 정부 기관 등이 운영하는 플랫폼에 ESG

정보를 공시하는 것이다.

2) ESG 정보공시 주기

- ESG 정보 수요자가 조직의 ESG 정보를 효과적으로 활용하기 위해서는, 조직이 ESG 정보를 주기적으로 공시하는 것이 중요하다. ESG 정보가 적시성을 확보하기 위해서는 ESG 정보공시 주기를 재무 정보공시 주기와 동일하게 하거나, 재무 정보 공시 이후 최대한 빠른 시기에 ESG 정보를 공시할 필요가 있다. 또한, ESG 정보 수요자에 상당한 영향력을 미칠 수 있는 정보는 이를 확인한 즉시 대외공시할 것을 권장한다.
- 조직은 ESG 정보공시 주기를 자율적으로 정할 수 있다. 일부 조직은 주요한 ESG 성과가 창출되는 시점마다 공시하기도 하며, 어떠한 조직은 ESG 정보공시에 따른 업무/비용 부담을 고려하여 격년 주기로 공시하기도 한다. 반면 ESG 정보공시 규제 및 표준을 제정하는 국내외 기관은 ESG 정보공시 주기를 1년 단위로 제시하고 있으며, 이는 이해관계자가 재무 정보와 ESG 정보를 종합적으로 고려할 수 있도록 '정보의 적시성'을 향상시키기 위함이다.

3) ESG 정보공시 범위

- 조직은 ESG 정보공시 전 어떠한 범위까지 성과관리를 할 것인지, 또는 성과 관리가 가능한지 등 최대 범위를 설정해야 한다. ESG 개념을 조직의 재무적 정보를 기반으로 투자 의사결정을 하는 자본시장에서 등장하였기 때문에, 장기적으로 ESG 성과관리 및 정보공시 최대 범위는 '(연결)재무제표'에 포함되는 '재무 정보' 범위와 동일시하려는 논의가 진행될 것으로 예상된다. 따라서 조직은 아래의 '영향력'과 '통제력'이 행사되는 범위에서 발생하는 환경, 사회, 지배구조 관련 정보를 공시할 필요가 있다. 예를 들어, US GAAP, IFRS 회계지침에는 20% 이상 지분을 보유한 조직을 상당한

영향력이 행사되는 조직으로 간주한다.

　　1) ESG 정보를 공시하는 조직이 직접적으로 소유 및 관리하고 있는 사업장의 ESG 성과 관리 및 정보공시

　　2) 지분율 기준으로 경영 및 자본구조 상 상당한 영향력을 행사하는 조직의 ESG 성과관리 및 정보공시

4) ESG 정보공시 검증

- 조직은 지속가능경영 보고서 발간 등 ESG 정보공시 지표 및 기준을 자율적으로 선택할 수 있으며, ESG 정보가 갖추어야 할 신뢰성을 강제할 수 있는 법적/제도적 장치도 마련되어 있지 않은 상황이다. 따라서 ESG 정보 검증은 이러한 문제점을 개선하기 위한 조직의 의지이자 자율적 활동으로 조직이 공시하는 ESG 정보의 신뢰성을 확보하는 수단으로 인정받고 있다.

- ESG 정보 검증의 타당성과 신뢰성을 확인하기 위한 기준은 '검증기관의 적격성', '검증기관과의 독립성', '검증방법론의 합리성', '검증 수준의 명확성', '검증지표의 구체성'으로 구분할 수 있다.

- 글로벌 시장에서 통용되는 ESG 검증표준에는 1) 지속가능경영 관련 국제표준 제정기관인 AccountAbility가 개발한 AA1000AS(2018), 2) 국제감사인증기준위원회인 IAASB가 개발한 ISAE3000이 있다. 이외에도, 국내외 ESG 정보 검/인증기관 등에서 자체적으로 개발한 검증표준이 있다.

- ESG 정보를 검증하는 제3자 기관이 사용해야 할 검증표준이 설정된 것은 아니나, 제3자 검증기관은 합리적이고 신뢰할 수 있는 방식으로 검증을 수행해야 하며, 검증을 받는 조직도 글로벌 검증표준 등에 부합하여 ESG 정보가 검증되었는지 점검할 필요가 있다.

08. 환경 항목 작성 요령

1) 환경경영 목표 수립

- 조직이 책임있는 환경경영을 수행하기 위한 방향성을 명확히 설정하고 효율적인 자원 배분이 이루어지고 있는지, 또한 조직이 외부에 미치는 환경 영향을 최소화하고 내부 환경성과를 향상시키기 위한 구체적인 계획이 마련되어 있는지 점검
- 조직이 수립한 환경 분야 단기/중장기 목표 구체성과 내재화 수준을 확인
- 에너지 사용량 절감, 재생에너지 투자 확대, 온실가스 배출량 감축, 탄소 중립 기술 개발, 폐기물 발생량 저감, 생분해 플라스틱 도입, 재사용 용수 확대, 원자재 효율적 투입, 삼림 및 토양 복원, 생물다양성 증진, 친환경 공급망 구축, 대기/수질/토양 오염 감소, 유해물질 감소, 제품 환경 라벨링 등
- 목표는 조직이 의도적으로 달성하고자 하는 상태를 말하며, 조직의 성과와 관련된 업무 활동의 직접적인 선행조건이다. 조직은 내부 성과 관리와 대외신뢰성 관점을 고려하여 다음의 조건을 충족하는 목표를 수립해야 한다.

2) 환경경영 추진체계

- 조직이 환경성과 향상과 환경 개선 등의 경영활동으로 인한 환경영향 관리, 원부자재/에너지/폐기물 등의 효율적 관리, 국제사회 등 이해관계자의 환경영역 요구 대응을 위해 체계적으로 환경경영을 추진하고 있는지

점검

- 국내외 규격에서 제시하는 환경경영시스템 구성요건을 기준으로 조직이 이를 따르거나, 준용하여 환경경영 추진체계를 갖추고 있는지 확인
  1) 조직은 목표 달성과 관련된 제반업무를 관장하는 거버넌스 및 업무분장체계를 구축해야 한다.
  2) 목표 달성을 위한 추진과제와 실행계획을 수립해야 한다.
  3) 목표 달성에 필요한 새로운 기술 및 활동을 발굴하고 투자해야 한다.
  4) 목표 대비 이행현황을 점검 및 피드백할 수 있는 기능을 도입해야 한다.
  5) 목표 이행현황은 경영진 및 구성원 성과지표(KPIs)에 반영해야 한다.

3) 원부자재 사용량

- 조직이 이윤을 창출하기 위한 재화를 생산하는 과정에서 자연으로부터 가져온 원부자재를 효율적으로 관리하고 있는지 점검
- 조직 규모 차이(매출액, 생산량 등) 또는 사업 변동(구조조정, 인수합병 등)을 고려하여 상대적 비교 가능성이 높은 '원단위' 개념을 기반으로 원부자재 사용량을 점검
- 원부자재를 가공하여 제품을 대량 생산하는 광업, 제조업, 건설업, 전기/가스/증기업 등으로 한정할 수 있으나, 넓은 범위로 해석한다면 서비스 운용/제공하는 과정에서 광물, 종이, 플라스틱 등을 사용하는 도매/소매, 운수/창고, 정보통신, 금융/보험, 기타 전문 서비스업으로 확대할 수 있다.
- 원부자재는 기본적으로 재생가능 여부에 따라 재생가능한 원부자재, 재생불가능한 원부자재로 분류되며, 해당 원부자재의 원천(Source)에 따라 재생/재활용 원부자재, 천연 원부자재로 분류된다.

4) 재생 원부자재 비율

- 지속적인 경제 성장으로 인한 천연자원 고갈 이슈가 증가함에 따라, 원부자재 조달-투입 방식을 자원 순환형 체계로 전환하고 있는지 점검
- 조직이 생산하는 제품 중 재생 원부자재를 적용할 수 있는 부분을 실제 재생 원부자재로 대체하는 등의 자원순환 이행 성과를 확인

$$\text{사용한 재생 원부자재 비율} = \frac{\text{사용한 총 재생 투입 원부자재}}{\text{사용한 총 투입 원부자재}} \times 100$$

5) 온실가스배출량

- Scope1 온실가스 배출량 산정방법 = Σ[고정연소, 이동연소, 공정배출, 탈루배출, 폐기물처리]
- Scope2 온실가스 배출량 산정방법 = Σ[구매전기, 구매 열(온수, 스팀 등)]
- 조직이 탄소중립(Net-Zero)을 달성하기 위해 물리적 경계 내에서 발생하는 Scope1 & Scope2 배출량뿐만 아니라, 조직의 외부에서 발생하는 Scope3 배출량의 감축도 관리하고 있는지 점검
- Scope3는 조직이 통제할 수 없는 범주에 속하기 때문에, 조직이 Scope3를 직접 감축하고 있는지를 확인하기보다는 Scope3의 인식/산정/검증 등 성과를 관리하는 노력 수준을 확인

6) 온실가스 배출량 검증

- 온실가스 배출권 거래제, 온실가스 목표 관리제, 기타 온실가스 정보를 기반으로 의사 결정하는 이해관계자가 증가함에 따라, 조직이 대외 공시하는 온실가스 배출량 데이터가 타당성/신뢰성/투명성을 확보하고 있는

지 확인
- 조직의 온실가스 배출량 데이터에 관해 제3자 기관으로부터 검증을 받는 경우, 해당 검증의견이 갖추어야 할 형식적 요건을 점검

7) 에너지 사용량

- 조직이 소유, 관리, 통제하는 물리적 경계(사업장 등) 내에서 직접 생산하거나, 외부로부터 구매하는 에너지 사용 총량을 절감하고 있는지 점검
- 조직 규모 차이(매출액, 생산량 등) 또는 각 조직의 사업 변동(구조조정, 인수합병 등)을 고려하여 상대적으로 비교가 용이한 단위 당 개념의 '원단위'를 기반으로 에너지 사용량을 확인
- 고체, 기체, 액체 연료 : 에너지 사용량 환산 방법 = 연료 사용량 × 총발열량
- 전기 : 에너지 사용량 환산방법 = 전력 사용량 × 발열량(소비)

8) 재생에너지 사용 비율

- 조직이 에너지 체계를 재생에너지로 전환하고 있는지 확인
- 조직의 총 에너지 사용량 대비 재생에너지가 차지하는 비율로 해당 항목을 점검
- 국내 '신에너지 및 재생에너지 개발·이용·보급촉진법'上 2025년까지 대규모 발전소가 공급하는 신재생에너지 공급 의무비율(RPS)은 25%로써 수요 대비 한계가 있으므로, 해당 지표에서 다루는 재생에너지 범위는 '자가 재생에너지 발전', '녹색 프리미엄 요금제 사용', '재생에너지 크레딧 구매', '재생에너지 발전사업 지분 참여', '제3자 전력구매계약' 등을 포괄함

9) 용수 사용량

- 조직이 용수를 공급받는 취수원을 보호하고 있는지, 또는 사업장이 위치한 지역의 수자원 고갈 리스크에 대비하고 있는지를 간접적으로 점검할 수 있는 항목으로써, 조직이 사용하는 용수 총량(신규 취수량, 내부 재사용량)을 효율적으로 관리하고 있는지 확인
- 조직간 규모 차이(매출액, 생산량 등) 또는 각 조직의 사업 변동(구조조정, 인수합병 등)을 고려하여 상대적 비교 가능성이 높은 '원단위' 개념을 기반으로 용수 사용량을 점검

10) 재사용 용수 비율

- 조직이 도시화와 산업화 진전으로 인해 발생되는 수자원 부족 문제에 대비하여, 지속가능한 용수 순환 체계를 구축하고 있는지 확인
- 조직이 소유, 관리, 통제하는 물리적 경계(사업장 등) 내에서 중수도, 하폐수처리수 재이용시설 등을 설치하여 오수(汚水), 하수, 폐수를 효과적으로 순환·재사용하는지 점검

11) 폐기물 배출량

- 조직이 소유, 관리, 통제하는 물리적 경계(사업장 등) 내에서 사업 및 영업 활동(ex. 연구개발, 제품 생산/가공/포장 등 포함, 소비자가 사용 이후 폐기한 폐제품은 제외)에 따라 발생하는 폐기물을 저감하고 있는지 확인
- 조직간 규모 차이(매출액, 생산량 등) 또는 각 조직의 사업 변동(구조조정, 인수합병 등)을 고려하여 상대적 비교 가능성 높은 '원단위' 개념을 기반으로 폐기물 배출량을 점검

12) 폐기물 재활용 비율

- 조직이 자원순환 경제로 전환에 동참하기 위해, 생산 단계에서부터 폐기

물을 원천 감량하는 것을 넘어, 폐기물의 순환이용을 높이고 있는지 확인
- 조직이 가공-생산-보관-유통 과정에서 발생하는 폐기물이 생산 과정에 재투입되거나, 조직 내/외부에서 2차 자원으로 재활용되고 있는지 점검

13) 대기 오염물질 배출량

- 조직이 소유, 관리, 통제하는 물리적 경계(사업장 등) 내에서 발생하는 대기오염물질을 지속적으로 저감하는 등 대기환경 개선을 위한 노력을 이행하고 있는지 확인
- 「대기환경보전법」 上 64개 대기오염물질 중 대다수를 구성하는 질소산화물, 황산화물, 미세먼지 배출농도를 기간별, 산업 평균과 비교하는 방식으로 점검

14) 수질오염물질 배출량

- 조직이 소유, 관리, 통제하는 물리적 경계(사업장 등) 내에서 최종 발생하는 수질오염물질을 저감하는 등 수자원 보호를 위한 노력을 이행하고 있는지 확인
- 「물환경보전법」 上 수질오염물질을 대표하는 생물화학적 산소요구량, 화학적 산소요구량, 부유물질량의 배출농도를 기간별, 산업평균과 비교하는 방식으로 점검

15) 환경법/규제 위반

- 조직이 사업을 운영하는 과정에서 준수해야 할 환경 관리법/규제를 명확하게 인식하고, 환경법/규제 리스크 해결을 위한 투자 및 개선 활동이 효과적인지 확인
- 환경 관련법/규제 위반 사건 중 조직의 재무구조 및 평판 관리에 상당한 영향력을 미치는 사법상 형벌, 행정상 처분(금전적, 비금전적)에 대해 가

중치를 달리 적용하는 방식으로 '환경법/규제 위반'을 점검

16) 친환경 인증제품 및 서비스 비율

- 제품의 조달-생산-사용 등 과정에서 자원·에너지 사용, 오염물질 배출, 인체·생태계 독성 등 제품 전 과정의 환경 영향을 파악하며, 제품의 긍정적 환경 영향을 확대하고 부정적 환경영향은 축소하고 있는지 확인
- ISO 등 국제 인증 표준에 준하거나, 환경부 등 정부 기관에서 시행하고 있는 친환경 인증 획득 제품이 전체 제품에서 차지하는 비율을 점검

09. 사회 항목 작성 요령

1) 목표 수립 및 공시
- 조직이 중요하게 생각하는 사회 분야의 이슈에 대하여, 재무적 가치와 사회적 가치의 균형점을 찾는 구체적인 목표를 설정하고, 이를 달성하기 위한 노력을 하는지 확인
- ESG(지속가능경영)보고서를 통해 도출된 중요한 사회 분야 이슈에 대해서 정성/정량적인 목표를 투자자, 고객 등 이해관계자에게 공개하고 있는지 점검

2) 신규 채용 및 고용유지
- 조직이 신규 채용을 통해 지속적 성장에 필요한 인적자본을 축적함과 동시에, 지역사회의 일자리 창출, 고용 안정성 증대에 기여하고 있는지 확인
- 조직이 창출한 부가가치를 채용에 투자하고 있는지, 조직의 고용 규모가 안정적인지 점검

3) 정규직 비율
- 정규직 근로자의 비율 확대가 조직과 사회의 지속가능성에 긍정적 영향을 미친다는 가정 하에 조직이 정규직 확대를 통해 지역사회의 고용 안정성 증가와 비정규직 근로자 문제에 기여하고 있는 정도를 확인
- 조직의 전체 인력 대비 정규직 비율을 점검

4) 자발적 이직률

- 조직의 인적자원 관리 수준이 산업 평균 대비 적정한 수준을 유지하며 관리되고 있는지 확인
- 구성원이 자발적으로 조직을 이동하는 자발적 이직률을 점검(산업적 특성 반영)

5) 교육 훈련비

- 조직이 미래 경쟁력 및 지속가능성 확보를 위해 구성원의 교육 및 훈련에 얼마나 투자하고 있는지 확인
- 상대적 비교 가능성이 높은 '원단위' 개념을 적용하여 인적자본 관리 기본 진단항목인 구성원 수 기반의 1인당 교육훈련비를 점검. 최근 5개 회계연도의 1인당 교육훈련비 추세를 함께 고려

6) 복리 후생비

- 조직이 임직원의 업무환경 및 근무조건 개선을 통해 직원 만족도를 높이고 있는지를 점검하는 항목으로 법률상 강제성이 있는 법정 복리후생비를 제외한 조직별 복리후생비를 확인
- 상대적 비교 가능성이 높은 '원단위' 개념을 적용하여 인적자본 관리 기본 진단항목인 구성원 수 기반의 1인당 복리후생비를 점검(최근 5개 회계연도의 1인당 복리후생비 추세 고려)

7) 결사의 자유 보장

- 조직의 직원이 유엔 세계인권선언 제20조에서 제시하는 결사의 자유를 보장받을 수 있는지, 근로자 이해 대변 및 협력적 노사관계 형성·유지를 위한 협의기구가 있는지 확인
  - 결사의 자유 보장 : 근로자가 주체가 되어 자주적으로 단결하여 근

로조건의 유지·개선, 기타 근로자의 경제적·사회적 지위의 향상을 도모
함을 목적으로 조직하는 노동조합의 설립 및 정당한 노동조합 활동을
보장하고 있는지를 점검

   - 노사협력 : 아울러, 「근로자참여 및 협력증진에 관한 법률」에 따
른 노사 협의기구인 노사협의회의 설치 및 실질적인 운영을 통한 노사
파트너십 수준을 점검

8) 여성 구성원 비율

- 조직의 중장기적 성장 및 새로운 사업 기회 발굴에 필요한 창조적이고
혁신적인 조직문화를 위해 모든 직급의 구성원 다양성이 관리되고 있는
지 확인

- 국내 인구 구조적 특성을 고려하여, 다수의 다양성 기준 중 성별에 따른
다양성 현황을 점검하고자 함. 이를 위해, 조직의 남성 구성원 대비 여성
구성원(또는 여성 구성원 대비 남성 구성원)이 차지하는 비율을 직급별로
점검

9) 여성 급여 비율(평균 급여액 대비)

- 조직이 다양성 측면에서 소수 계층, 사회적 취약계층, 기타 단순한 신체
적 차이를 사유로 급여 지급에 차별을 두는 인사제도, 고용 관행이 있는
지 확인

- 국내 인구 구조적 특성을 고려하여, 차별이 발생하는 다양한 사례 중 성
별에 따른 급여 차이가 발생하는지 점검하고자 함. 조직의 남/녀 구성원
중 평균 급여액 미만의 급여를 받는 집단을 기준으로 급여 차이를 확인하
는 항목으로써, 1인 평균 급여액 대비 '여성 1인 평균 급여액'(또는, 남성
1인 평균 급여액) 비율을 점검

10) 장애인 고용률

- 장애인은 능력에 따라 보장받고, 고용되어, 유익하고 생산적인 업무를 통해 합리적인 보수를 받을 권리가 있음에 따라, 조직이 해당 권리 향상을 지원하는지 확인
- 정부의 장애인 의무 고용률을 기준으로 조직이 해당 사회적 책임을 이행하고 있는지를 점검(매년 고용노동부에서 공시하는 장애인 의무 고용률과 비교)

11) 안전보건 추진체계

- 조직이 산업인력 손실, 구성원 사기 저하, 생산성 및 품질 하락, 노사관계 악화 등 경제적 손실과 사회적 비용을 예방하기 위해, 안전 리스크 저감 및 건강·복지 증진 등 안전 보건 성과 개선을 체계적으로 추진하고 있는지 확인
- 국내외 규격에서 제시하는 안전보건경영시스템 구성요건을 기준으로, 조직이 이를 따르거나 준용하여 안전 보건 추진체계를 갖추고 있는지 점검

12) 산업재해율

- 조직의 안전 보건 거버넌스 구축, 중점과제 추진, 업무시스템 구축, 성과 점검 및 평가 등 안전 보건 추진체계가 효과성을 나타내고 있는지 확인
- 조직 구성원의 안전 보건을 위협하는 요인을 지속적으로 관리하고 재해율을 줄이기 위해 노력하고 있는지 점검(국내외 모든 구성원으로부터 발생하는 산업재해율 추이와 산업 평균 비교/분석)

13) 인권 정책 수립

- 조직이 UN의 '세계인권선언' 및 '기업과 인권 이행원칙', 'ILO 핵심협약', 'OECD 책임있는 사업을 위한 실사 가이드 라인' 등에 기반하여, 인

권경영 추진을 선언하는 대외공식적 정책을 제시하고 있는지 확인
- 조직이 인권정책(Human Rights Policy)을 통해 인권 보호가 필요한 이슈에 대해 어떠한 정책적 접근하고 있는지 점검

14) 인권 리스크 평가
- 조직의 사업운영과 관련되어 있는 구성원(직접고용 임직원, 협력사 근로자, 기타 사업장이 위치한 지역의 원주민 등)이 직면하거나, 또는 해당 구성원에게 잠재되어 있는 인권 리스크를 관리하고 있는지 확인
- 조직이 인권 리스크 평가 체계를 구축하고 있으며, 해당 인권 리스크 평가 체계에 따라 실제 인권 리스크를 평가 및 개선하고 있는지 점검

15) 협력사 ESG 경영
- 조직이 협력사가 직면한 ESG 관련 리스크를 인지하고 있는지, 협력사에 잠재되어 있는 ESG 리스크가 조직에게 전이되는 상황을 미연에 방지하기 위해 노력하는지 확인
- 조직이 협력사 ESG 리스크 관리 체계를 구축하고 있으며, 해당 관리 체계에 따라 실제 협력사 ESG 리스크를 진단-실사-개선하고 있는지 점검

16) 협력사 ESG 지원
- 조직이 협력사 ESG 관리에 있어 진단-평가-개선으로 이어지는 일련의 프로세스 외, 협력사가 ESG 역량을 갖출 수 있는 지원 방안을 마련하고 있는지 확인
- 조직이 협력사의 ESG 지원에 대한 의지를 선언하는 것과 함께, 협력사 ESG 지원 전략과 계획이 마련되어 있는지 점검
- 단, 조직은 협력사 ESG 지원을 위한 별도 전략 및 실행방안을 수립할 수 있으나, 조직의 일반적인 협력사 지원방안 내 ESG 관련 내용을 포함

할 수도 있음

17) 협력사 ESG 협약 사항

- 조직이 협력사 ESG 지원을 상생 및 동반성장에 필요한 핵심 요소이자, 사회적 책무로 인식하고 있으며, 이를 위해 중장기적으로 협력사의 성장과 혁신에 필요한 지원을 다각적으로 추진하고 있는지 확인
- 조직이 중장기적으로 안정적이고 지속가능한 협력사 ESG 지원 의지가 있는지 확인할 수 있는 항목으로써, 협력사와 체결한 협약사항을 점검

18) 전략적 사회 공헌

- 조직이 지역사회로부터 사업을 운영할 권리(License to Operate)를 획득함과 동시에, 지역사회 일원으로서 공동의 환경/사회 문제 해결에 필요한 활동에 앞장서는 등 전략적 사회공헌을 추진하고 있는지 확인
- 조직이 사업적 필요와 사회적 기대를 충분히 고려한 사회공헌 추진방향을 수립하고 있으며, 해당 방향에 따라 사회공헌 프로그램이 운영되고 있는지 점검

19) 구성원 봉사 참여

- 조직이 봉사활동 프로그램을 기획하여 구성원의 강제적 참여를 요구하는 방식에서 벗어나, 봉사활동 참여 의지가 있는 구성원의 니즈를 충족시켜 주기 위해 조직이 기여하는 수준을 확인
- 구성원의 자율적 봉사활동을 지원하는 인센티브 제도를 운영하고 있는지 점검(다양한 형태의 봉사활동 참여 인센티브 제도가 운영되고 있는지 확인)

20) 정보보호 시스템 구축

- 조직이 보유하고 있는 정보통신망 및 기타 정보자산 등의 안정성 이슈가 강조되고 있음. 이에 따라, 정보자산 해킹, 네트워크 침입 등의 외부 공격과, 물리적/인적 오류로 인해 발생하는 장애에 대응할 수 있는 체계를 갖추고 있는지 확인
- 정보보호 최고책임자(CISO) 선임, 정보보호 시스템 인증, 모의해킹 등 취약성 분석, 정보보호 공시 이행(의무 또는 자율), 정보보호 시스템 사고에 대비하기 위한 보험가입 여부 등을 점검

21) 개인정보 침해 및 구제

- 조직이 관리하고 있는 고객, 협력사 등 다양한 이해관계자의 개인정보 침해에 대한 법/규제 요건을 명확하게 인식하고, 개인정보 침해 사건이 발생하였을 경우 이에 대한 구제 활동을 추진하는지 확인
- 정보보호 법상 형벌, 행정상 처분(금전적, 비금전적)에 대해 가중치를 달리 적용하는 방식으로 '개인정보 침해 및 구제' 현황을 점검

22) 사회법/ 규제위반

- 조직이 재화와 용역을 제공하는 과정에서 준수해야 할 법/규제 요건을 명확하게 인식하고, 법/규제 리스크 해결을 위한 사회영역의 투자/유지/보수 활동을 추진하고 있는지 확인
- 사회영역 관련 법/규제 위반 건 중 조직의 재무구조 및 명성 관리에 상당한 영향력을 미치는 사법상 형벌, 행정상 처분(금전적, 비금전적)에 대해 가중치를 달리 적용하는 방식으로 점검

10. 지배구조 항목 작성 요령

1) 이사회 내 ESG 안건 상정

- 조직의 최고 의사결정기구인 이사회 또는 산하 위원회가 ESG 관련 안건을 보고받고 있으며, 특히 중대한 ESG 안건에 대해서는 심의/의결하고 있는지 확인
- 이사회 또는 산하 위원회를 통해 조직의 ESG 경영이 효율적으로 관리 및 감독되고 있는지 점검하기 위해 1) 활동 내역, 2) 운영 규정의 2가지를 점검
- 조직은 ESG 안건을 다루기 위해 이사회 산하에 'ESG위원회'를 설립할 수 있으나, 이사회 또는 기존의 산하 위원회(사회책임위원회, 투명경영위원회, 거번너스위원회, 경영위원회, 감사위원회 등)를 통해서도 ESG 안건을 다룰 수 있음

2) 사외이사 비율

- 조직이 사외이사 제도를 통해 경영진 및 지배 주주에 대한 견제, 기업 경영 투명성의 제고, 소수 주주의 권리 보호 등의 목적을 달성하고 있는지 확인
- 경영진의 의사결정 행위를 견제할 수 있으며, 독립적인 시각에서 기업 발전에 관한 제언을 할 수 있는 사외이사 비율이 충분한지 점검

3) 대표이사 이사회의장 분리

- 경영진의 경영활동을 감독하고 견제하는 이사회의 역할을 제대로 수행하기 위한 독립성 확보 여부를 확인
- 이사회의 의장과 경영진의 대표인 대표이사와의 분리 여부 및 선임사외이사 임명 등을 점검

4) 이사회 성별 다양성

- 이사회가 다양한 이해관계자들의 요구사항을 두루 고려하여 폭넓은 시각과 경험을 바탕으로 중요한 의사결정에 임할 수 있도록 이사회 구성원이 다양한 배경을 가지고 있는지 확인
- 다양성과 포용성 분야에서 대표적인 분류인 남성 대비 여성 비율(혹은 여성 대비 남성 비율)을 점검

5) 사외이사 전문성

- 사내 이사와 사외 이사의 정보 비대칭이 존재하는 상황에서 사외이사가 조직의 중장기 발전에 관한 충분한 의견을 제공하거나, 경영진의 의사결정을 견제할 수 있는 전문성을 갖추고 있는지 확인
- 사외이사가 조직의 사업 방향에 대해 전문적인 의견을 제시할 수 있는지 점검(사외이사가 동종산업의 업무경력을 보유하고 있는지 확인)

6) 전체 이사 출석률

- 사내이사와 사외이사의 정보 비대칭이 존재하는 상황에서 사외이사가 조직의 중장기 발전에 관한 충분한 의견을 제공하거나, 경영진의 의사결정을 견제할 수 있는 전문성을 갖추고 있는지 확인
- 사외이사가 조직의 사업 방향에 대해 전문적인 의견을 제시할 수 있는지 점검(사외이사가 동종산업의 업무경력을 보유하고 있는지 확인)

7) 사내 이사 출석률

- 조직의 최고 의사결정기구인 이사회가 검토/심의/의결 기능을 효과적으로 수행하기 위해서는 이사회 구성원의 적극적인 참여가 중요함. 특히, 조직의 사업 운영을 총괄하는 사내 이사가 적극적으로 이사회에 참여하고 있는지 확인
- 이사회 구성원 중 전체 사내 이사 출석률이 일정 수준 이상인지 점검

8) 이사회 산하 위원회

- 이사회가 효율적으로 운영될 수 있도록 이사회 권한 및 역할의 일부를 산하 위원회에 위임하고 있는지, 각 소위원회는 위임받은 권한 및 역할에 대해 전문적인 시각으로 검토하는지를 확인
- 조직마다 이사회 산하 위원회 수와 종류는 다양하며, 각 조직의 경영방식 및 사업환경에 따라 위원회 수를 달리할 수 있음. 따라서 이사회 산하 위원회 수가 많고 적음을 떠나, 위원회가 체계적이고 효과적으로 운영되고 있는지 점검

9) 이사회 안건 처리

- 이사회 구성원이 상정된 안건에 대해 독립적/전문적/다양한 시각으로 수정 및 보완 의견을 제시하고 있거나, 특히 조직에 리스크가 될 수 있는 안건에 대해서는 적극적인 반대 의견을 제시하는지 확인
- 이사회 심의/의결 안건 중 원안대로 가결되지 않은 안건이나 원안에 반대한 이사, 그리고 가결되지 않거나 안건을 반대한 사유를 점검

10) 주주총회 소집 공고

- 주주가 주주총회 참석 전 충분하고 합리적인 판단을 내릴 수 있도록, 주주에게 주주총회 개최 일자, 장소, 안건, 기타 재무사항 등의 정보를 담은

주주총회 소집 공고를 다양한 채널로 전달하는지 확인

- 조직이 주주총회 소집을 공고하는 방법을 점검

11) 주주 총회 개최일

- 주주가 주주총회의 안건을 검토하고 분석하기 위한 충분한 시간과 여건이 확보될 수 있도록 주주총회가 개최되고 있는지 확인
- 조직이 주주 총회 개최일을 지정하는 데 있어, 주주를 포함한 주주총회 관련 내/외부 이해관계자의 의견 수렴 과정을 진행하고 있는지를 점검

12) 집중/전자/서면투표제

- 조직의 모든 주주가 의결권을 용이하게 행사할 수 있으며, 소수 주주에게 이해관계를 대변할 수 있는 이사 선임 기회를 제공하고 있는지 확인
- 국내 「상법」 上 조직의 자율적 의사결정에 따라 선택할 수 있는 소수 주주 보호장치인 '서면투표제', '전자투표제', '집중투표제' 도입 여부를 점검

13) 배당정책 및 이행

- 조직이 주주가치 증진 및 투자 의사결정에 필요한 배당 관련 정보를 적시에 충분하게 안내하고, 적절하게 배당을 실시했는지 확인
- 주주에게 배당정책 및 배당계획을 충실히 통지함과 동시에, 배당정책 및 배당계획에 따라 실제 배당을 진행하였는지 점검

14) 윤리규범 위반사항 공시

- 조직이 구성원의 윤리 규범 위반 행위(부당한 이익이나 뇌물의 수수, 불공정 경쟁 및 거래, 제품/서비스 책임 소홀, 구성원 상호 간 모독 및 비하, 기타 사회적 책임 등)를 관리·감독함과 동시에, 구성원의 윤리 규범 위반

행위가 재발하지 않도록 내부 개선이 이루어지고 있는지 확인
- 이해관계자와의 신뢰성 및 투명성 관점을 고려하여, 조직이 윤리 규범 위반 행위와 개선 활동을 대외 공시하고 있는지 점검

15) 내부 감사부서 설치

- 조직의 재무, 회계, 감사 관련 부정 사안, 기타 내부통제 관련 현안 등을 상시적으로 점검하고, 중요한 의사결정 사항 및 관련 정보를 감사위원회에 보고하는 거버넌스 체계가 구축되어 있는지 확인
- 조직이 내부 감사부서를 두고 있는지, 내부 감사부서의 독립성, 책임과 역할을 명확히 규정하고 있는지 점검

16) 감사기구 전문성(감사기구 내 회계/ 재무 전문가)

- 조직의 감사위원회(또는 감사)가 거시경제 흐름 및 업종동향에 대한 직관, 상법 등 관련 법률 소양, 회계/재무/감사에 관한 전문적 지식을 보유하고 있는지 확인
- 국내 법률 상 규정되어 있는 감사위원회 전문성 조건을 상회하여, 회계 및 재무 전문가를 감사위원으로 선임하고 있는지 점검

17) 지배구조법/ 규제 위반

- 조직이 주주 권리 보호, 이사회 및 경영진 등 최고 거버넌스 운영, 상호출자 등 소유구조, 특수관계인 거래 등과 관련한 법/규제를 명확하게 인식하고, 지배구조 리스크 해결을 위한 제도 및 활동을 도입하고 있는지 확인
- 지배구조 관련 법/규제 위반 건 중 조직의 재무구조 및 명성 관리에 상당한 영향력을 미치는 사법상 형벌, 행정상 처분(금전적, 비금전적)에 대해 가중치를 달리 적용해 점검

참고 문헌

강병호(2013). 캐나다, 기업내 여성권익 향상을 위한 SRI 펀드 출시. CGS
    Report, 3(10), 23.

고창택(2004). 지속가능성의 윤리와 생태체계의 가치. 철학연구, 89, 1-22.

국가환경정보센터(2012). 환경산업 현황과 통계 인프라 개선 방안. GGGP 76.

국가환경정보센터(2013). 그린워싱(Greenwashing) 현황과 향후 대응 방향.
    GGGP 106.

권윤구·주신하(2015). 기업의 공유가치창출을 활용한 도시재생 사례 연구. 도시
    설계 : 한국도시설계학회지, 16(6), 35-51.

김기성(2010). 독일의 지속가능발전 전략과 환경정책통합. 사회과학논집,
    41(2), 61-81.

김남두(1995). 환경 문제의 성격과 지속가능한 발전. 이정전(편), 사회과학연구
    협의회 연구총서[1]. 지속가능한 사회와 환경. 서울: 박영사.

김덕호·김중화(2013). 기업지배구조와 전략적 CSR, 방어적 CSR의 관련성 : 성
    과달성과 여유자원의 조절역할. 한국인사관리학회 학술대회 발표논문집,
    2013(1), 1-38.

김선민(2015). 유럽과 국내 상장기업의 여성임원 현황. CGS Report, 5(13).
    15-18.

김선민(2016). UN의 지속가능발전목표(SDGs)와 ESG 이슈. CGS Report,
    6(2), 15-18.

김성규(2014). 기업의 글로벌 CSR 현황과 공유가치창출(CSV). 국제개발협력,
    2014(1), 11-30.

김세중·박의범·Tsog Khulan(2012). 한국기업 CSR활동의 공유가치창출에 관한
    실증연구. 로고스경영연구, 10(4), 1-28.

김수현(2021). 「EU의 ESG 규제 주요 내용과 시사점」. ESG Focus. 법무법
    인 광장.

김예정(2015). 통합적 모형을 활용한 기업의 CSR활동에 관한 연구. 위덕대학교
    대학원 박사학위논문.

김은지·이형근(2021). 「일본의 ESG 대응 전략 분석과 시사점」. Global Market Report 21-028. KOTRA.

김재균(2016). CSV 활동에 대한 진정성과 적합성이 브랜드 자산, 브랜드 태도 및 구매의도에 미치는 영향 : 윤리적 소비성향의 조절 효과. 제주대학교 대학원 박사학위논문.

김찬국(2017). 우리나라 지속가능발전교육 연구 동향과 연구 방향: 1994~2017년 환경교육 게재 논문을 중심으로. 환경교육 30(4), 353-377.

나종연·김학균·김학진·이유리·이진명(2014). 공유가치창출(CSV) 시대의 소비자 연구 제안. 소비자학연구, 25(3), 141-162.

나철희(2018). 브랜드 확장에서 공유가치창출이 소비자 평가에 미치는 영향. 경희대학교 대학원 박사학위논문.

남영숙(2011). 「기업의 사회적 책임(CSR)의 글로벌 트렌드와 지역별 동향연구」. 외교통상부 연구용역 보고서.

대한무역투자진흥공사(2020). 유럽그린딜 추진동향 및 시사점.

대한무역투자진흥공사(2021). 주요국 그린뉴딜 정책의 내용과 시사점.

문휘창·이연우(2014). 기업의 사회적 책임: 피터 드러커와 마이클 포터, 그리고 사회적 기회. 창조와 혁신, 7(2), 45-74.

미디치미디어(2021). ESG 경영의 과거, 현재, 미래. 환경의 역전.

박병진·김도희(2013). 공유가치창출(CSV)관점에서 본 CJ제일제당의 동반성장 추진 사례. Korea Business Review, 17(2), 73-99.

박영석·강구상·장영욱·김승현·이효진(2021). 「국제사회의 탄소중립 정책 방향과 시사점」. 오늘의 세계 경제 21-01. 대외경제정책연구원..

박희순(2018). 기업의 공유가치창출, 조직신뢰, 혁신이 경영성과에 미치는 영향 연구. 창원대학교 박사학위논문.

방문옥(2013). 통합보고(Integrated Reporting) 프레임워크 개발 동향. CGS Report, 3(9), 7-9.

배정호(2017). 중소제조기업 조직역량이 사회적 책임(CSR)활동과 경영성과에 미치는 영향 : 선도적 CSR 활동의 매개효과를 중심으로. 서울벤처대학원 대학교 박사학위논문.

배정호·박현숙(2017). 중소기업 조직역량이 CSR 및 경영성과에 미치는 영향. 한국콘텐츠학회논문지, 17(8), 274-289.

변선영·김진욱(2011). 한,일 기업의 전략적 CSR 활동과 기업성과. 國際經營硏究, 22(1), 83-110.

산업연구원(2015). 정책과 이슈: 환경산업의 발전방향.

산업통상자원부(2021). K-ESG 가이드 라인 v1.0. 산업통상자원부.

양승훈·김병용(2015). 기업의 공유가치창조(CSV)에 대한 탐색적 연구: -힐링과 문화마케팅에 대한 신문보도기사의 의미연결망을 중심으로-. 관광학연구, 39(4), 27-38.

에너지경제연구원(2020). 세계 에너지시장 인사이트. 20(25).

유승권(2018). 전략적 CSR의 성공적 실행을 위한 방안 연구. 한양대학교 대학원 박사학위논문.

이상훈(2010). 사회책임정보 공시 법제화의 도입 필요성. 기업지배구조 리뷰, Vol. 51. 7/8

은행연합회(2014). 금융의 창을 열다: 돈과 소비이야기. 금융웹진 729.

이연호(2010). 지속가능발전정책 거버넌스의 평가. 동서연구, 22(1), 7-45.

이영한(2014). 한국의 사회적 지속가능발전 진단 연구. 지속가능연구, 5(2), 1-12.

이정기·이장우(2016). 공유가치 창출(CSV) 전략의 유형화와 실천전략. Korea Business Review, 20(2), 59-83.

이혜주·최은희·이범준(2013). 지속가능사회문화의 개념 정립과 발전방향 제안. 지속 가능연구, 4(1), 21-49.

임채원·김병섭(2012). 글로벌 위기의 대응으로서 '공유가치성장'과 '관계국가모형'. 行政論叢, 50(3), 295-326.

제프 프롬·엔지리드(2018). 최강 소비 권력 Z세대가 온다. 임가영 역. 서울: 홍익출판사.

조창현·유평준(2015). 지속가능발전 추진 동향과 정부의 대응 방향: 향후 Post-2015 SDG의 맥락에서. 창조와 혁신, 8(3), 217-254.

조형례·전중양·정선양(2011). 공유가치창출(CSV)에 기반한 지속가능 경영혁신 모델 구축방안. 지속가능연구, 2(3), 57-80.

정진섭·이민재(2012). 적정기술을 활용한 과학기술 ODA 전략: 공유가치창출(CSV)을 기반으로. 경영컨설팅연구, 12(4), 421-443.

지승현·남영숙(2007). 21세기 지식 기반 사회에서의 지속가능발전 교육 방향 탐색. 환경교육, 20(1), 62-72.

최용록(2010). 지속가능성 과학의 학제적 특성과 발전과제. 지속가능연구, 1(1), 1-13.

최재백(2016). 기업의 공유가치창출 전략이 구매자-공급자관계 및 전략적 유연성과 기술역량에 미치는 영향. 경일대학교 대학원 박사학위논문.

코트라(2021). 해외 기업의 ESG 대응 성공사례. Global Market Report 21-026. KOTRA.

한민지(2021). ESG체제에 따른 유럽연합의 대응과 동향-기후위기 대응과 지속가능한 사회로의 전환을 중심으로-.법과 기업 연구 11(2),

한상범·권세훈·임상균(2021). 글로벌 ESG 동향 및 국가의 전략적 역할, 대외경제정책연구원. 3-36.

한국기업지배구조원(2020). ESG와 기업의 장기적 성장. ESG Focus, 1-15.

환경부(2020). 2021년도 녹색제품 구매지침.

Andrew Dobson(2007). Ecological Citizenship: A Disruptive Influence?. In : C.Pierson and S.Tomey. Politics at the Edge. London: Macmillan.

Bebchuk, L.A(1999). A rent-protection theory of corporate ownership and control. Working Paper, Harvard Law School.

BOX SYN-1(2011). SUSTAINED WARMING COULD LEAD TO SEVERE IMPACTS in: Synopsis, in National Research Council.

Break Free From Plastic(2020). BRANDED Vol III: Demanding Corporate Accountability for Plastic Pollution.

Christopher S. W. et al.(2015). Unabated global mean sea-level rise over the satellite altimeter era. Nature Climate Change, 5, 565-568.

Climate Change(2013). The Physical Science Basis. Working Group

I500pxI Contribution to the IPCC 5th Assessment Report.

European Women's Lobby, 「The European Commision's Directive on Women on Boards」, 2013.8.2.

Faccio, M., Lang, L.H.P(2002). The ultimate ownership of Western European corporations. Journal of Financial Economics. 65, 365-395.

Porter, M., & Kramer, M.(2006). Strategy and society: The link between competitive advantage and corporate social responsibility. *Harvard Business Review*, 84(12), 78-92.

Porter, M. E., Kramer, M. R.(2011). Creating Shared Value. *Harvard Business Review*, 89(1-2), 62-77.

GSIA, 「Global Sustainable Investment Review」, 2018.

Jensen, M.C(2004). Agency costs of overvalued equity. ECGI Finance Working Paper, 39.

Kosaka, Y., and S.-P. Xie(2013). Recent global-warming hiatus tied to equatorial Pacific surface cooling. Nature, 501, 403-407.

KPMG, 「New obligations regarding non-financial reporting」, 2015.

Lynn White(1967). The Historical Roots of Our Ecological Crisis. Science.

Meehl, G. A., et al(2013). Externally forced and internally generated decadal climate variability associated with the interdecadal Pacific Oscillation. J. Climate, 26, 7298-7310.

Ocean Acidification(2013). in: Ch. 2. Our Changing Climate in NCADAC. 69-70.

Paris Agreement, 「United Nations Treaty Collection」. 2016.7.8

Rodhe, A(1990). A comparison of the contribution of various gases to the greenhouse effect. Science, 248, 1217-1219.

Rosalyn M, Roger D(1993). Socio-political-culrural Foundations of Environmental Education. The Journal of Environmental Education.

Stephanie Bodoni, 「EU Plan for 40 Percent Quota of Women on Boards

Gets Win」, Bloomberg, 2013.11.20.
UNDRR(2020). The Human Cost of Disasters: An overview of the last 20 years 2000-2019.
Valencia Saiz(2005). Globalisation, Cosmopolitanism and Ecological Ccitizenship. Environmental Politics.
Zeebe, R. E(2012). History of Seawater Carbonate Chemistry, Atmospheric CO2 and Ocean Acidification. Annual Review of Earth and Planetary Sciences, 40, 141-165.

저자 소개 : 이 영 섭

저자 이영섭은 인피니티컨설팅(주)의 대표이사로서 2001년 호텔 마케팅 컨설팅 서비스를 시작으로 회원 모집 및 관리의 전문성을 축적한 레저사업 컨설팅 전문회사이다. 더 나은 서비스를 제공하기 위해 호텔 멤버십 회원과 소통하며 고객의 성향과 욕구를 치밀하게 분석해 왔다. 그리고 2018년 7월부터 USGC 협회 회원사로서 ESG지원 기업부설 연구소를 운영하고 있다.

사람들이 관광과 여행을 즐기는 과정에서 정서적 위안을 얻는 모습에 주목, 이러한 효과에 대한 사회과학적 분석과 전파를 위해 2021년 한국여행치료협회를 설립했다. 이러한 노력의 일환으로 같은 해, 「여행치료의 이론과 실제」, 「힐링여행의 이론과 실제」, 「자존감 여행」, 「근로자지원 프로그램(EAP)의 도입과 적용」을 출간하여 여행을 통한 심리치료 방법의 기틀을 마련하였다.

아울러 여행심리상담사, 힐링지도사, 자존감 지도사 민간자격 과정을 개설하여 여행치료 프로그램의 보급에 매진하고 있다.

(現) 인피니티컨설팅(주) 대표이사
(現) 한국여행치료협회 회장
경희대학교 관광학과 박사 수료
경희대학교 경영대학원 석사

ESG 경영의 이론과 실제

초판1쇄 인쇄 - 2022년 3월 1일

초판1쇄 발행 - 2022년 3월 1일

지은이 - 이영섭

펴낸이 - 전도근

출판사 - 인피니티컨설팅

서울 용산구 한강로2가 용성비즈텔. 1702호

전화 02-794-0982

e-mail - bangkok3@naver.com

등록번호 - 제2022-000003호

※ 이 책은 친환경 재생 용지로 제작되었습니다.

※ 잘못된 책은 바꾸어 드립니다.

※ 무단복제를 금합니다.

ISBN 979-11-977541-2-8[13320]

값 20,000